S0-AIK-457

Further SPANISH

Further
SPANISH

Juan Kattán-Ibarra

TEACH YOURSELF BOOKS

Long-renowned as the authoritative source for self-guided learning – with more than 30 million copies sold worldwide – the *Teach Yourself* series includes over 200 titles in the fields of languages, crafts, hobbies, sports, and other leisure activities.

A catalogue for this title is available from the British Library

Library of Congress Catalog Card Number: 92-61561

First published in UK 1992 by Hodder Headline Plc, 338 Euston Road, London NW1 3BH

First published in US 1993 by NTC Publishing Group
An imprint of NTC/Contemporary Publishing Company
4255 West Touhy Avenue, Lincolnwood (Chicago), Illinois 60646-1975 U.S.A.

The 'Teach Yourself' name and logo are registered trade marks of Hodder & Stoughton Ltd in the UK.

Printed and Bound in Great Britain by Cox & Wyman Ltd, Reading, Berkshire.

Impression number   14 13 12 11 10 9 8
Year   1999 1998 1997

CONTENTS

—— INTRODUCTION ——

This is a complete course for students who already have a basic knowledge of the language who want to improve their skills of communication. If you have completed a course such as *Teach Yourself Spanish* or another beginner's course in Spanish and wish to build on what you have learnt and increase your ability to communicate, *Teach Yourself Further Spanish* offers you ample opportunity to do this. Although the course has been designed especially for people studying on their own, the material and exercises will also lend themselves to classroom use. Students taking evening classes in Spanish, studying for GCSE or GCE Advanced level and other examinations where the emphasis is on acquiring communicative skills, will find plenty of material in this book to help them achieve their objectives.

—— How to use this course ——

Each unit of the book is divided clearly into different sections, and the following procedure is suggested for dealing with each of them:

Objetivos (Objectives)

This section outlines the main objectives of the unit in terms of language functions, that is, in terms of what you are going to learn to do with the language, for example *Talk about daily activities* or *Say how often you do something*. Read this section before you start and try to recognise within each unit how these objectives are realised in different language forms and expressions. Make a note of these as you cover each unit, and try to learn and use them in other contexts.

Tema (Topic)

Read this section which gives information about the main topic of the unit. Each unit focuses on one main subject. Unit 1, for instance, concentrates on daily activities, Unit 3 on work and employment, Unit 11 on the environment. Twelve different topics are covered throughout the book, many of these dealing with everyday situations, a few covering more abstract themes.

Diálogos (Dialogues)

All units contain two, three or more dialogues highlighting the main theme and objectives outlined previously. After the title of the dialogue, there is a brief introduction in Spanish which sets the scene. Read the dialogue, noting all the new language forms and vocabulary, particularly those phrases which are related to the **Objetivos** outlined at the start of the unit. The vocabulary list at the end of each dialogue contains the key words and expressions which are necessary to understand the passage. Other less known words are given in the **Spanish–English Vocabulary** at the end of the book. At this stage however, you should work with a dictionary, not just to look up words which are not listed in the book, but also to find other examples of their use. A good medium-sized dictionary should help. Then, look at the **Notas explicativas** *(Explanatory notes)*, which contain references to important language points within the dialogue, some of which will be dealt with in more detail in other sections.

Once you have grasped the meaning of the dialogue, read it through again two or three times, until you are satisfied that it is clear. Then turn to the **Ejercicio de comprensión** *(Comprehension exercise)* which tests your understanding of the dialogue through various types of questions. To check whether your answers are correct, refer to the **Key to the exercises** beginning on page 182.

If you have the complete course which includes the cassettes, start by listening to the recording of the dialogue before you read it, trying to understand as much as possible of the language used by the native speakers, and paying special attention to their pronunciation and intonation. You don't need to understand every single word, but try at least to get the gist of what is said. If you follow this procedure, you will find that your capacity to understand spoken Spanish will soon begin to improve. Once you have heard the dialogue a few times, read the text and follow the steps suggested above.

Frases y expresiones importantes (Important phrases and expressions)

This section brings together examples of the different language functions outlined under the **Objetivos**. Read them carefully, as these are the basis of the lesson and of what you will be practising in the exercises. Add to these from your own notes if possible and think of alternative forms of expression.

Notas gramaticales (Grammar notes)

Here the grammatical content of the unit is explained in English and illustrated in sentences. You will have plenty of opportunity to revise the language forms you learnt in your beginner's Spanish course, particularly tenses, as the book covers all the main ones, from the highly frequent present and past tenses to the less frequent subjunctive forms, some of which may be new to you. Study these language points and note how they have been used in the dialogues and in the exercises which follow. Check your progress by doing the exercises under **Repaso** *(Revision)*. The answers are in the **Key to the exercises**. You may feel that you want to study some points in more depth, in which case a reference grammar book such as *Teach Yourself Spanish Grammar* or a similar work may help you.

Actividades (Activities)

This section contains a series of exercises which give you practice in using the language for communication. Most of these are clearly functional in nature, centring on the aims outlined at the start of the unit. Others, particularly the reading passages, focus on the main theme. You are going to be the main actor in this section, carrying out the instructions given at the beginning of each exercise, which may involve understanding and acting on what a Spanish speaker has said, playing a role, writing a letter, helping a travelling companion who doesn't know any Spanish, translating a text, seeking information, and so on. Do each exercise as suggested in the instructions and then check the answers, if necessary, in the **Key to the exercises**.

Each unit contains, within this section, one or more longer reading passages designed to help you increase your passive vocabulary and to build on comprehension. Most of these deal with important cultural points related to either Spain or Latin America. Read them through and answer the questions which either precede or follow the text and check them, if necessary in the **Key to the exercises**. You don't need to understand every single word here, but don't hesitate to use your dictionary if you want to study the passage in more depth. The majority of these texts are authentic and have been taken from Spanish and Latin American newspapers and magazines.

The exercise which carries the title ¡**A escuchar!** *(Listen!)* may be used for listening comprehension if you have the cassettes or as another exercise on reading comprehension if you are using the book without the cassettes. Whichever way, read the introduction to the exercise, as this will tell you how to deal with the text and what sort of exercise you are expected to do. Remember, the aim here is to try to get the gist of what is said, so whether you are using the book with a cassette or without it, you should read or listen to the text as many times as you think necessary, noting down the main ideas in English or Spanish and paying special attention to how these ideas have been expressed. Some of the texts used in these exercises come from Spanish and Latin American radio. A transcript of the recordings will be found on page 194.

Consolidación (Consolidation)

This section is intended as a form of self-evaluation and it calls for freer use of language, for example writing letters and dialogues. Whenever possible, try to use as many of the language forms you learnt throughout the unit and to incorporate as much old and new vocabulary as you can while making the text sound real. Model letters and dialogues will be found in the **Key to the exercises**, but bear in mind that your version may be just as good.

—— Symbol and abbreviations ——

m	= masculine gender of noun		V	= **Verdadero**, *true*
f	= feminine gender of noun		F	= **Falso**, *false*
pl	= plural noun		sing	= singular

= This indicates material included on the cassette.

= This indicates dialogue.

= This indicates exercises – places where you can practise using the language.

= This indicates key words or phrases.

= This indicates grammar or explanations – the nuts and bolts of the language.

= This draws your attention to points to be noted e.g. the grammar points relating to each dialogue.

1
COSAS DEL
DIARIO VIVIR

Objetivos

In this unit you will learn to:

● Talk about daily activities and habits
● Say how often you do something
● Relate a sequence of events

Tema

The dialogues and exercises in Unit 1 focus on everyday activities. Through them you will have the chance to review and practise some of the things you learnt in your beginner's Spanish course, for example the present tense to refer to habitual actions. As in other units of this course, you will find some authentic material which will help you to increase your vocabulary and understanding of real Spanish as well as your capacity to use the language properly in everyday situations. As the unit progresses, help will be given to you with vocabulary and some key grammatical points, but you may also want to use your own Spanish dictionary and a reference grammar to assist your learning.

Diálogos

1 ¿Qué sueles hacer?

Carlos Salinas, escritor, es entrevistado por una periodista de una revista española. En una parte de la entrevista, Carlos comenta acerca de su vida diaria.

Periodista Carlos, a veces la gente se pregunta cómo es la vida diaria de un escritor, que no tiene que salir de su casa ni cumplir un horario o vérselas con un jefe autoritario y gruñón.

Carlos Pues mira, es verdad que trabajar en casa tiene sus grandes ventajas, no tienes que perder el tiempo yendo de un lado a otro de la ciudad en el coche, el metro o lo que sea. Ahora, en cuanto a lo del horario, es cierto que a mí nadie me impone un horario de trabajo determinado como suele ocurrirle a casi todo el mundo. Pero el horario me lo impongo yo mismo. Soy una persona bastante disciplinada. Suelo levantarme sobre las siete de la mañana, me doy una ducha y luego bebo un café. No acostumbro a comer mucho por la mañana. A veces unas tostadas o algunas pastas. A las ocho me siento frente al ordenador y no paro hasta el mediodía . . .

Suelo levantarme sobre las 7.00 de la mañana.

Me doy una ducha.

Luego bebo un café.

A las 8.00 me siento frente al ordenador y no paro hasta el mediodía.

Periodista   ¿Te molesta que interrumpan tu trabajo?

Carlos   Sí, pero, vamos, no suele ocurrir. Mi familia y mis amistades conocen muy bien mis hábitos y nunca me llaman por la mañana, a no ser que sea para algo importante. Por la tarde, trabajo menos intensamente.

Periodista   ¿Qué sueles hacer por la noche?

Carlos   Bueno, yo soy un gran aficionado a la música, principalmente al jazz. A menudo vienen amigos a casa por la noche, escuchamos música, tomamos unas copas, charlamos . . . A veces vamos al cine o a cenar fuera . . .

Periodista   ¿Cambiarías tu vida por la de una persona normal?

Carlos   No, definitivamente no, prefiero seguir haciendo lo que hago.

---

diario vivir (m) *daily living*	en cuanto a *as regards*
preguntarse *to ask oneself*	imponer *to impose*
cumplir un horario *to keep to a timetable*	Como suele ocurrir. *As it usually happens.*
vérselas con (uno) *to deal with (someone)*	todo el mundo *everybody*
grуñón *grumbling*	darse una ducha *to take a shower*
perder el tiempo *to waste time*	pastas (f pl) *small cakes*
de un lado a otro *from one end to the other*	ordenador (m) *computer*
	parar *to stop*
o lo que sea *or whatever*	a no ser que *unless*
	ser aficionado a *to be fond of, to like*

✳ Notas explicativas

(a)   **Soler** followed by the infinitive. Notice the use of **soler** with the infinitive in:

> Como **suele ocurrirle.**   *As it usually happens.*
> **Suelo levantarme.**   *I usually get up.*

For more information on **soler** see **Notas gramaticales** on page 12.

(b)   **Acostumbrar a** followed by the infinitive. This construction has the same meaning as the previous one with **soler**:

> **No acostumbro a comer**   *I don't usually eat much in the*
> mucho por la mañana.   *morning.*

For further information and more examples see **Notas gramaticales**.

(c)   **Sí, pero vamos, no suele ocurrir.** Notice the use of **vamos** here, a word of high frequency in spoken Spanish, used as a filler in hesitation, just as English uses the word *well*.

Ejercicio de comprensión 1

Answer the following questions in English.

(a) What advantages does Carlos see in working at home?

(b) How does Carlos describe himself?

(c) What does he do at eight o'clock?

(d) Why is his work not normally interrupted?

(e) What does he normally do at night?

🔲 *2* Un día normal

Alicia Álvarez, ejecutiva de una empresa textil, habla sobre su vida diaria.

Periodista	Alicia, ¿cómo es un día normal para una ejecutiva de una gran empresa?
Alicia	Bueno, difícilmente puedo hablar sobre lo que es un día normal para mí, ya que mis actividades son muchas y muy variadas. Pero, naturalmente, como casi toda la gente que trabaja, estoy sujeta a una cierta rutina que, quiéralo o no, tengo que cumplir. Vivo bastante lejos de la fábrica y por lo general salgo de casa a eso de las ocho, pues si lo hago más tarde el tráfico es fatal. Normalmente, llego a la fábrica sobre las nueve de la mañana, primero consulto mi agenda para ver qué actividades tendré que cubrir y seguidamente planeo el día con mi secretaria. Hay días de mayor actividad que otros, pero casi siempre estoy muy ocupada.
Periodista	¿Vuelves a casa a comer?
Alicia	No, ¡qué va! Sería imposible, ya que tardaría mucho tiempo. Suelo comer en el restaurante de la empresa que no está nada mal.
Periodista	¿A qué hora vuelves a casa normalmente?
Alicia	Pues, nunca antes de las nueve o las diez de la noche. Lo que pasa es que después de dejar la fábrica hago mis compras o voy a tomar una copa con algún amigo y de vez en cuando visito a mis padres.
Periodista	¿Tienes alguna otra actividad, aparte de tu trabajo y tu vida social?
Alicia	Bueno sí, dos veces por semana voy a un gimnasio para mantenerme en forma y relajarme. En verano suelo ir a la piscina los fines de semana.

ejecutivo/a (m/f) *executive*	agenda (f) *diary*
empresa (f) *company*	cubrir *to cover*
estar sujeto a *to be tied down*	planear *to programme*
Quiéralo o no. *Whether I like it or not.*	mantenerse en forma *to keep fit*
fábrica (f) *factory*	relajarse *to relax*

❋ Notas explicativas

¡Qué va! Notice this expression which in this context translates into English as *certainly not!* Other translations of this expression, depending on the context, are *nonsense!, rubbish!, nothing of the sort!*

Ejercicio de comprensión 2

What phrases have been used in the dialogue to express the following:

(a) I can hardly speak . . .
(b) Since (*or* given that) . . .
(c) About *or* around (eight/nine o'clock)
(d) It would take me a long time.
(e) It's not bad at all.
(f) What happens is that . . .
(g) To have a drink.
(h) From time to time.

3 ¿Qué hace usted?

Teresa González es ama de casa. Teresa habla acerca de su vida diaria.

Periodista Teresa, ¿qué hace Vd. en un día normal?

Teresa Pues, me levanto a eso de las siete y media para preparar el desayuno para mi marido y mis hijos. Mi marido se va al trabajo a las ocho y media y los chicos salen para el colegio sobre las nueve menos cuarto. Después me arreglo y salgo a hacer la compra del día. Voy al mercado que está a diez minutos de aquí, a la panadería, dos o tres veces por semana voy al supermercado, vamos, depende de lo que haga falta. Nunca es igual. Luego vuelvo a casa para preparar la comida.

Periodista ¿Sus hijos y su marido vienen a casa a comer?

Teresa Mis hijos sí, pero mi marido no.

Periodista ¿Y por la tarde, qué hace?

Teresa Pues, veo un rato la tele, a veces echo una siesta, pero vamos, normalmente no. Siempre hay algo que hacer en casa, lavar la ropa, planchar, coser . . .

Siempre hay algo que hacer en casa, lavar la ropa o planchar.

ama de casa (f) *housewife*	**rato** (m) *while, moment*
colegio (m) *school*	**lavar la ropa** *to do the washing*
arreglarse *to get dressed*	**planchar** *to iron*
hacer la compra *to do the shopping*	**coser** *to sew*
Depende de lo que haga falta. *It depends on what we need.*	

✳ Notas explicativas

Observe the use of **para** in: **para** preparar el desayuno **para** mi marido . . ., los chicos salen **para** el colegio . . .

Ejercicio de comprensión 3

Study the dialogue once more if necessary and then complete these phrases with the missing information.

(a) Me levanto a eso de las siete y media para . . .

(b) Los chicos salen para . . .

(c) Después me arreglo y salgo a . . .

(d) Luego vuelvo a casa para . . .

(e) Miro un rato la tele, a veces . . ., pero vamos, normalmente no.

(f) Siempre hay algo que hacer en casa . . .

— Frases y expresiones importantes —

Talking about daily activities and habits

Suelo levantarme sobre las siete.	*I usually get up at about seven.*
Me doy una ducha.	*I take a shower.*
Bebo un café.	*I have a coffee.*
No acostumbro a comer mucho. Formal	*I don't usually eat much.*

No suelo comer mucho – inormal

Saying how often you do something

A veces (como) unas tostadas.	*Sometimes I eat some toast.*
Nunca me llaman por la mañana.	*They never call me in the morning.*
A menudo vienen amigos a casa.	*Friends often come home.*

Other ways of indicating frequency

por lo general *generally*	de vez en cuando *from time to time*
generalmente *generally*	siempre *always*
normalmente *normally*	una vez, dos veces por semana
usualmente *usually*	*once, twice a week*

Relating a sequence of events

Me doy una ducha y **luego** bebo un café.	*I take a shower and then I drink a coffee.*
Primero consulto mi agenda . . .	*First I look up my diary . . .*
. . . **seguidamente** planeo el día con mi secretaria.	*. . . then I plan the day with my secretary.*
Después me arreglo.	*Then I get dressed.*

Other ways of relating a sequence of events

en primer lugar *in the first place*	a continuación *next, immediately after*
primeramente *firstly, first*	☆finalmente *finally*
antes que nada *first of all*	por último *finally*

☆ por fin – finally

—————— **Notas gramaticales** ——————

1 Using the present tense to describe routines

To refer to daily activities or habitual actions you normally use the present tense. When using the present tense remember that:

(a) Some verbs are highly irregular, for example **ir**.

Vamos al cine.   *We go to the cinema.*

(b) Some verbs are only irregular in the first person singular, for example **salir**.

Salgo de casa a eso de las 8.00.   *I leave the house at about 8.00.*

(c) Some verbs undergo a change in the stem (the main part of the verb without its ending), for example **venir**.

A menudo **vienen** amigos a casa.   *Friends often come home.*

(d) Some verbs are reflexive (a reflexive verb is one that is normally indicated by **-se** added to the infinitive), for example **sentarse** (also stem-changing).

Me siento frente al ordenador.   *I sit in front of the computer.*

✳ Nota: Refer to your grammar book if you need to revise irregular, stem-changing and reflexive verbs. Look up, too, the **Table of irregular verbs** beginning on page 205.

2 Soler *and the infinitive;* acostumbrar a *and the infinitive – to talk about habits and to express habitual actions*

Soler translates into English as *to usually (do, etc.)* or *to be in the habit of.* In the present tense, this verb changes the 'o-' of the stem into '-ue': s**ue**lo, s**ue**les, s**ue**le, solemos, soléis, s**ue**len.

¿Qué **sueles** hacer por la noche?   *What do you usually do at night?*

— 12 —

| **Suelo** comer en el restaurante de la empresa. | *I usually eat at the cafeteria in the company.* |

As an alternative to the above you may use **acostumbrar a** with the infinitive – a less frequent construction. Notice, however that **acostumbrar** is a regular verb and it must be followed by the preposition **a**.

| **Acostumbro a** levantarme a las 7.00. | *I usually get up at 7.00.* |
| ¿Qué **acostumbras a** hacer? (formal) | *What do you usually do?* |

¿Qué sueles hacer?

Repaso

1 Complete this passage with the correct form of the verb in the present tense. If you are not sure whether a verb is regular or irregular, check the **Table of irregular verbs** on page 205.

Me llamo Ricardo Aguirre, soy ingeniero y vivo en Bilbao. Trabajo en una fábrica de artículos electrodomésticos. Mis actividades habituales son las siguientes: normalmente (**despertarse**) a las 6.30 de la mañana, luego (**levantarse**) y (**ducharse**) y sobre las 7.30 (**desayunar**) con mi mujer y mis tres hijos. A las 8.30 (**salir**) de casa para ir a la fábrica. Por lo general (**ir**) en el coche, pero a veces (**coger**) el autobús. Al mediodía no (**volver**) a casa a comer, ya que normalmente yo (**almorzar**) con unos colegas en un restaurante cerca de la empresa. A las 7.00 (**marcharse**) a casa, pero de vez en cuando (**ir**) a un club deportivo donde (**jugar**) al tenis con algún amigo. Por la noche, después de cenar, a veces (**dar**) un paseo con mi mujer. Nunca (**acostarse**) antes de las 12.00.

2 Now relate Ricardo's daily routine referring to the previous passage. **Ricardo Aguirre es ingeniero y vive en Bilbao. Trabaja . . .**

Actividades

1 Imagine a dialogue similar to the ones you have just studied between the same journalist and Carmen Olmo, a secretary. First, you'll need to prepare the questions. What you want to ask is on page 14. Use the familiar form.

(a) Ask her what time she leaves the house.

(b) Ask how she goes to work.

(c) Ask what time she arrives in the office.

(d) Ask what she does in the morning.

(e) Ask what time and where she normally has lunch.

(f) Ask what time she leaves the office.

(g) Ask what she normally does in the evening.

Now, this information will help you with the answers.

Nombre: Carmen Olmo García
Profesión: Secretaria
Actividades diarias:
(i) **8.30, salida de casa en dirección a la estación de metro más cercana para ir a la oficina.**
(ii) **8.50–9.00, llegada a la oficina.**
(iii) **Lo que suele hacer en el trabajo: abrir la correspondencia, leerla y clasificarla; escribir las cartas que le dicta su jefe; recibir a los clientes de la empresa y fijar citas con el gerente; contestar el teléfono; asistir a reuniones . . .**
(iv) **1.30, almuerzo con algunos compañeros de trabajo en el bar de la esquina.**
(v) **7.00, salida de la oficina.**
(vi) **Lo que acostumbra a hacer por la noche: cenar, ver la televisión, escuchar música, dar un paseo con su novio.**

Look up the notes under the sections **Frases y expresiones importantes** and **Notas gramaticales** and try using some of the words and constructions you've learnt. In the **Key to the exercises** you will find a basic model dialogue which you may want to look up once you have prepared your own version.

2 Read the passage on page 15 which tells you about the daily life of Miguel Ríos, a 24-year-old postman from Chile. Then answer the questions which follow.

'Llevo cinco años trabajando en la Central Clasificadora de Correos, que es el centro postal más grande del país, por donde pasa el ochenta o el noventa por ciento de la correspondencia nacional . . . Ahora soy operador postal del turno A de **pequeños paquetes** o **muestras** que va desde las 8.30 de la mañana hasta las 5.20 de la tarde.

Me levanto sin despertador, María Liliana, mi señora (con quien estoy casado desde noviembre), me prepara un té y tostadas con mantequilla . . ., pero antes me baño, por supuesto . . .

Vivo en el Paradero 9 de la Gran Avenida y camino cinco cuadras para tomar el metro, luego me bajo en la Alameda, a una cuadra de mi trabajo, que queda en Exposición . . . Trabajo todo el día en recepción, clasificación y despacho de los **pequeños paquetes**. Al mediodía tengo mi colación de una hora . .'

(Revista del Domingo, Diario El Mercurio, Santiago de Chile)

pasar *to go through*	caminar *to walk*
turno (m) *shift*	cuadra (f) *block (Latin America)*
pequeño paquete (m) *small package*	bajarse *to get off*
muestra (f) *sample*	que queda en . . . *which is in* . formal
despertador (m) *alarm clock*	colación (f) *light lunch (Chile)*

(a) ¿Cuánto tiempo lleva Miguel trabajando en Correos?

(b) ¿En qué trabaja exactamente?

(c)   ¿Qué toma al desayuno?

(d)   ¿Cómo va al trabajo?

(e)   ¿Qué hace durante el día?

(f)   ¿Cuánto tiempo dura su colación?

3   ¡A escuchar!

Pilar ha encontrado trabajo: Here is a conversation between Pilar Araya, a teacher from Peru, and her friend Antonio. Listen to the conversation if you have the cassette or, alternatively, read the transcript on page 194–95 and use the text for reading comprehension. Look at the vocabulary and the questions first before you read or listen to the conversation. Only key words are given, as the idea is that you should try to get the gist of it rather than understand every single word. Don't be discouraged by unknown words, as you will probably be able to guess their meaning from the context. If you are using the cassette, you may want to look at the transcript of the conversation after you have heard it a few times, then listen again without looking at the text. Every unit of this book contains an exercise like this, which will help you to increase your comprehension of spoken Spanish and enlarge your passive vocabulary. All the transcripts are at the back of the book on pages 194–204.

colegio (m) *school*	regalo (m) *present*
preparar *to prepare*	cumpleaños (m) *birthday*
reunión (f) *meeting*	¡Chao! *(Latin American) Bye-bye!*
profesor (m) *teacher*	*(familiar)*
acompañar *to accompany*	

Answer the following questions in English.

(a)   How does Antonio know that Pilar has got a job?

(b)   Where is she working?

(c)   What time does she start and finish work?

(d)   What does she do in the afternoon?

(e)   Why has Antonio asked Pilar to meet him on Saturday?

4 Study this passage about the daily activities of Martín López Zubero, a Spanish swimmer who lives in the United States. Then answer the questions which follow.

Martín López Zubero se levanta todos los días a las 6 am. y toma una ducha. Media hora después se zambulle en la piscina, donde entrena hasta las 8,30. A esa hora vuelve a casa y, antes de desayunar un yogur con frutas, se remoja de nuevo con agua caliente y jabón. Va a clase a la Universidad y hacia las 15,00 regresa a consumir un almuerzo fru-gal. A lo mejor se da otra ducha antes de vestir de nuevo el traje de baño y nadar durante las tres horas siguientes. A las 18,00 deja la piscina, se aplica una ducha más y se dedica a estudiar. Cena algo ligero, ve televisión y al llegar las 23,00 ya duerme . . .

(Revista Gente Nº 126, de Diario 16, Madrid, España)

zambullirse *to dive*	a lo mejor *perhaps*
entrenar *to train*	de nuevo *again*
remojarse *to take a dip (Lit. to get soaked)*	traje de baño (m) *swimming trunks*
jabón (m) *soap*	ligero *light (weight)*

(a) What words and phrases have been used in the dialogue to express the following?

(i)   Cada día, diariamente.
(ii) Se ducha.
(iii) Más tarde.
(iv) Otra vez.
(v)   A eso de, alrededor de, sobre.
(vi) Quizá.
(vii) Ponerse *(clothes)*.

(b) Answer the following questions in English.

(i)   What does Martin do after his morning shower?
(ii) What does he do after breakfast?
(iii) What does he do at 3 pm?
(iv) What does he do at 6 pm?

Consolidación

Imagine you are writing a letter to a Spanish correspondent. Use as a model the introductory dialogues and the passages in the section **Actividades** and write between 80 and 100 words about your work and/or studies and your daily routine. In the **Key to the exercises** you will find a basic model passage which you may want to look at once you have prepared your own version. Here are some words and phrases you may need:

despertarse *to wake up*
levantarse *to get up*
bañarse/ducharse *to take a bath/ shower*
desayunar *to have breakfast*
tomar (café, té, tostadas, etc.) *to have (coffee, tea, toast, etc.)*
salir de casa *to leave the house*
coger/tomar (el autobús/el metro) *to take the bus/the underground*
ir en (el coche) *to go by car*
llegar a *to arrive in*

empezar *to begin*
almorzar/comer *to have lunch*
terminar *to finish*
volver (a casa) *to return (home)*
cenar *to have dinner*
ver (la televisión) *to watch (television)*
escuchar (música) *to listen to (music)*
leer (el periódico) *to read (the newspaper)*
salir de paseo *to go out for a walk*
acostarse *to go to bed*

2

TIEMPO
DE OCIO

Objetivos

In this unit you will learn to:

- Make invitations
- Make suggestions
- State preferences
- Express likes and dislikes

Tema

Unit 2 focuses on leisure activities and on how people like, or prefer, to spend their spare time. Through the dialogues and exercises in this unit you will learn to talk and write about your own interests and to use the language for social interaction, such as giving invitations or suggesting activities involving other people.

Diálogos

1   ¿Qué te parece?

Pablo Dávila y Ana Ramírez se han conocido durante las vacaciones. En el bar del hotel hablan de cine.

Pablo   ¿Has visto la última película de Almodóvar?

Ana   No, aún no la he visto. Me han dicho que es muy buena. Me gustaría verla. ¿Tú la has visto?

Pablo   No, tampoco. La ponen en el cine Real en Málaga. ¿Qué te parece si vamos a verla esta noche? Podemos regresar aquí en el último tren.

Ana   Mira, la verdad es que hoy estoy muy cansada. Prefiero ir mañana. ¿Qué te parece?

Pablo   De acuerdo. Debe de haber una sesión a las seis y media o siete. Lo veré en el periódico.

Ana   ¿Te gusta mucho el cine?

Pablo   Bueno, sí, bastante. Suelo ir casi todas las semanas.

Ana   A mí también me gusta, pero no voy muy a menudo. Los fines de semana prefiero salir fuera de Madrid.

Pablo   ¿Adónde vas?

Ana   Normalmente a la sierra. Mis padres tienen una casa en San Rafael, pero no van mucho por allí. Yo sí. Suelo irme en el coche el viernes por la tarde y no regreso hasta el domingo por la noche. Es un lugar muy bonito y muy tranquilo y la casa tiene una vista espectacular. Tendrás que venir a verme algún día.

Pablo   Gracias. Me gustaría mucho.

Ana   ¡Qué calor hace!

Pablo   Sí, mucho. Yo voy a bajar a la playa. ¿Quieres venir conmigo?

Ana   Vale, vamos.

---

poner *to show (a film)*	sierra (f) *mountain*
¿Qué te parece si . . .? *What about . . .?*	Tendrás que venir. *You'll have to come.*
Debe de haber una sesión. *There must be a show.*	vale *OK*
	¿Qué te parece? *What do you think?*

✳ Notas explicativas

(a)   Almodóvar. Pedro Almodóvar is a well-known Spanish film director. Among his films are *Matador, Mujeres al borde de un ataque de nervios.*

(b)   **¿Has visto** la última   *Have you seen the latest film . . .?*
película . . .?

Me **han dicho** que es muy   *I've been told it's very good.*
buena.

Notice the use of the perfect tense in both sentences. **Visto** (seen) and **dicho** (told, said) are the irregular past participles of **ver** (to see) and

decir (to tell, say) respectively. For more information on the perfect tense see Unit 8.

Ejercicio de Comprensión 1

Answer the following questions in English.

(a) How does Pablo propose to return to the hotel from Málaga?

(b) Why does Ana prefer to go to the cinema the following day?

(c) Why doesn't Ana go to the cinema more often?

(d) Where does she go at the weekends and where does she stay?

2 Tiempo de ocio

En unas entrevistas realizadas por una radio española, tres personas hablan sobre su tiempo libre. El primer entrevistado. José, es un sudamericano que vive en España.

Presentador   Buenas tardes. En nuestro programa de hoy nos referiremos al tema del ocio. ¿Qué hacen y cómo pasan su tiempo libre algunos de los habitantes de nuestra ciudad? En un mundo dominado por la televisión y por la imagen, en general, hay quienes dedican sus ratos de ocio a otras actividades. Nuestro primer entrevistado es José Ibáñez, de 23 años. José, ¿qué haces en tus ratos de ocio?

José   Pues, normalmente practico deportes, principalmente fútbol, aunque también me gusta la natación. Tengo la suerte de vivir en un barrio donde hay un excelente polideportivo y eso ha incentivado mucho la práctica de los deportes. Antes de que se construyera el polideportivo sólo teníamos el campo de fútbol y si quería ir a la piscina tenía que ir a otro barrio. Tardaba por lo menos media hora en ir allí, por lo que no lo hacía muy a menudo. Ahora, sí, practico con regularidad.

Presentador   Gracias José. Y ahora tenemos con nosotros a Antonia Rodriguez, de 35 años. Antonia, ¿a qué te dedicas en tu tiempo libre?

Antonia   Pues, tiempo libre tengo poquísimo, pues trabajo y además estoy casada y tengo dos hijos muy pequeños, pero, vamos, cuando disponemos de algún tiempo, mi marido y yo cogemos el coche y nos vamos con los chicos de paseo, pero eso no suele ocurrir muy a menudo. En verano sí, lo hacemos con más frecuencia. A veces nos vamos de camping. Hay un lugar muy bonito a pocos kilómetros de aquí que nos gusta mucho. Allí se está muy bien.

Presentador   Antonia, muchas gracias por estar con nosotros. Nuestro próximo invitado es Manuel Araya, de 55 años. Manuel, ¿qué prefiere hacer usted en sus ratos de ocio?

Manuel   Pues, yo soy un gran aficionado a la pintura, aunque mi trabajo habitual no tiene nada que ver con esto. Pero es una actividad que siempre me ha gustado y que he venido desarrollando desde que era muy joven. Cuando hay alguna exposición importante, nunca dejo de ir. Desgraciadamente, aquí la vida cultural es muy limitada y es poco lo que se puede aprender. Pero cuando voy a Madrid, voy siempre a algún museo. Prefiero el Museo del Prado, es el que más me gusta.

Presentador   Muchas gracias, Manuel, por haber venido.

---

ratos de ocio (m pl) *leisure time*	paseo (m) *drive, ride (in a car)*
aunque *although*	Allí se está muy bien. *It does us good*
natación (f) *swimming*	*to be there.*
tener la suerte de . . . *to be lucky*	pintura (f) *painting*
enough to . . .	No tiene nada que ver con . . . *It has*
barrio (m) *district, area*	*nothing to do with . . .*
polideportivo (m) *sports centre*	El que más me gusta. *The one I like*
poquísimo *very little*	*most.*
disponer de tiempo *to have time*	por haber venido *for coming (Lit. for*
coger el coche *to take the car*	*having come)*

✸ Notas explicativas

(a)

Antes de que se **construyera** el polideportivo.   *Before the sports centre was built.*

Notice the use of the imperfect subjunctive – **construyera** – in this sentence, which is governed by the expression of time **antes de que**. For the formation and other uses of the imperfect subjunctive see Unit 9.

(b)   Notice the use of the imperfect tense in:

Si **quería** ir a la piscina.	*If I wanted to go to the swimming pool.*
Tenía que ir a otro barrio.	*I had to go to another district.*
Tardaba por lo menos . . .	*It used to take me at least . . .*
No lo **hacía** muy a menudo.	*I didn't do it very often.*

For the formation and other uses of the imperfect tense see Unit 5.

Ejercicio de comprensión 2

Answer the following questions in Spanish.

(a)   José Ibáñez nadaba menos antes que ahora. ¿Por qué?

(b)   ¿Por qué no dispone de mucho tiempo libre Antonia Rodríguez?

(c)   ¿Qué hacen ella y su marido cuando están libres?

(d)   ¿Qué le gusta hacer a Manuel Araya en sus ratos de ocio?

— Frases y expresiones importantes —

Making invitations and responding to an invitation

Tendrás que venir a verme algún día. (informal)	*You'll have to come and see me some day.*
Gracias. Me gustaría mucho. (formal/informal)	*Thank you. I'd like to very much.*
¿Quieres venir conmigo? (very informal)	*Do you want to come with me?*
Vale. (very informal)	*OK.*

Other ways of making invitations

¿Por qué no viene/vienes a verme algún día? (formal/informal)	*Why don't you come and see me some day?*
Ven/venga a verme algún día. (informal/formal)	*Come and see me some day.*
Me gustaría invitarlo(a) a . . . ~~(very formal)~~	*I'd like to invite you to . . .*

Making suggestions

¿Qué te parece si vamos a
verla . . .? (informal)

*What about going to see it . . .? or
What if we go and see it . . .?*

Podemos regresar aquí . . .

We can return here . . .

Other ways of making suggestions

¿Qué le/te parece si . . .? (formal/
informal)

What about . . .?

¿Por qué no . . .? (formal/informal)

Why don't you/we . . .?

Le/te sugiero que (followed by the
present subjunctive, e.g. vaya/s,
formal/informal).

I suggest you (go).

Stating preferences

¿Qué prefiere hacer Vd.?

What do you prefer to do?

Prefiero ir mañana.

I prefer to go tomorrow.

Prefiero el Museo del Prado.

I prefer the Prado Museum.

Expressing likes and dislikes

¿Te gusta el cine?

Do you like going to the cinema?

A mí también me gusta.

I like it too.

No me gusta.

I don't like it.

 ———— **Notas gramaticales** ————

1 Gustar *(to like)*

Remember that **gustar** is normally used in the third person singular or
plural, and it may be followed by a noun (e.g. el museo, *the museum*) or an
infinitive (e.g. ir al cine, *to go to the cinema*). In this construction, **gustar**
is preceded by an indirect object pronoun:

me	**gusta(n)**	*I like it (them)*
te	**gusta(n)**	*you like it (them)* (familiar)
le	**gusta(n)**	*he or she likes it (them)*
		you like it (them)
nos	**gusta(n)**	*we like it (them)*
os	**gusta(n)**	*you like it (them)* (familiar)
les	**gusta(n)**	*they or you like it (them)*

For emphasis or to avoid ambiguity, as in **le gusta** *(he or she likes it or you like it)*, use the following set of pronouns preceded by the preposition **a**:

a mí, a ti, a él, a ella, a usted, a nosotros, a vosotros, a ellos, a ellas, a ustedes.

Examples:

A él le gusta el cine.	*He likes going to the cinema.*
A mí también me gusta.	*I like it too.*
¿**A Vd.** le gusta?	*Do you like it?*
A mí no.	*I don't (like it).*

Nota: Negative sentences are formed by placing **no** before the indirect object pronoun.

No me gustan.	*I don't like them.*
A ella **no** le gustan.	*She doesn't like them.*

2 Parecer *(to seem, think)*

Parecer is normally used in a construction similar to that of **gustar**.

¿Qué te parece si . . ?	*What do you think if . . ?*
Me parece bien.	*It seems all right (to me).*

Repaso

Complete each blank space in this dialogue with *one* word only.

Luisa	¿Qué haces en tu tiempo libre?
Juan Carlos	_____ gusta ver la televisión.
Luisa	¿Qué tipos de programas te _____?
Juan Carlos	_____ los programas deportivos, aunque también me _____ ver películas. ¿Y a _____, qué _____ gusta hacer?
Luisa	Me _____ los deportes, la televisión _____ me gusta nada.
Juan Carlos	¿Qué deportes _____?
Luisa	La natación, es lo que _____ me gusta.
Juan Carlos	_____ mí también. ¿Qué _____ parece si vamos a la piscina esta tarde?
Luisa	_____ parece una excelente idea.

────────── **Actividades** ──────────

1 Study this dialogue between two friends.

José	¿Qué te parece si vamos al cine?
Elena	Vale, vamos. ¿Qué película te gustaría ver?
José	Podemos ver *Depredador*. ¿Qué te parece?
Elena	Bueno, la verdad es que ese tipo de película no me gusta nada. Yo prefiero ver *Las cosas del querer*. ¿Te parece bien?
José	De acuerdo. ¿Dónde la ponen?
Elena	En el cine Biógrafo. ¿A qué sesión prefieres ir? Hay una a las 7.00 y otra a las 9.00.
José	Prefiero ir a la de las 9.00.

Now make up a similar dialogue using the information in this advertisement from *El Mercurio* Santiago, Chile.

DUCAL CONT. 11.30 HRS. $300   P. DE VALDIVIA 16.00·19.00·22.00 $1000·1500   LIDO CONT. 11.00 HRS. $800   LAS CONDES 16.00·19.00·22.00 $1000·1500

EL PRÍNCIPE DE LAS MAREAS 21 AÑOS

WARREN BEATTY · ANNETTE BENING UN FILM DE BARRY LEVINSON BUGSY

---

pase (m) *or* sesión (f) *show (cinema)*

---

2 Imagine you are being interviewed on Spanish television. The presenter wants to know about your leisure activities.

Presentador	¿A qué se dedica usted en su tiempo libre?
Entrevistado(a)	*Say you have very little time. You work in an office from 9.00 to 5.00 and you are married and have three children. But when you can, you like to work*

in the garden and you also like to read. Now you are reading a novel by García Márquez, which you like very much. Ah, you are also studying Spanish, of course. You like Spanish a lot.

Presentador ¿Y en sus vacaciones viene Vd. normalmente a España?

Entrevistado(a) *Not always. Although you like Spain very much, it is an expensive country now, so you prefer to go somewhere cheaper.*

Presentador Bueno, nuestro programa tiene una invitación especial para usted. Dos semanas de vacaciones para dos personas en el hotel y lugar de su elección.

Entrevistado(a) *Wonderful! Thank you very much.*

3 You are in a hotel with an English-speaking friend in a Spanish-speaking country. It is Sunday and you decide to stay in your room and watch some television. Your friend is busy writing some postcards, but he/she asks you to look at the TV listing in the local newspaper (*El Mercurio* Santiago, Chile). Here is the programme schedule for one of the channels. Answer your friend's questions.

CANAL 9

12.00 *CONCIERTO AUDIO.*
12.30 *DIBUJOS ANIMADOS.* Mighty Hércules.
13.30 *DEPORTE INTERNACIONAL.*

14.00 *AVENTURAS DE GRIZZLY ADAMS.*
15.00 *MERRY MELODIES.*
15.30 *LOS PICAPIEDRAS.*

16.00 *MEGACCIÓN.*
17.00 *YO COMPRO ESA MUJER.* Teleserie mexicana con Eduardo Yáñez y Leticia Calderón.

18.20 *LARGOMETRAJE.*
«Sueños dorados». Las aventuras de un buscador de tesoros sumergidos, que durante 17 años ha rastreado un galeón del siglo XVII, hundido con un rico cargamento en los cayos de Florida.
19.50 *LOS PITUFOS.*

20.20 *LA VIDA EN EL PLANETA.* Serie científica británica, narrada por Richard Attenborough.
21.15 *MEGANOTICIAS*
21.45 *FÚTBOL INTERNACIONAL.* Universidad Católica vs. Ferrocarril Oeste.
24.00 *LOS INTRÉPIDOS.* Con Michael Brandon y Glynis Barber. Un teniente norteamericano sirve en la policía de Londres, junto a una atractiva sargento británica.

(a) What's on now? (It's 20.30)

(b) What's on next?

(c) Are they showing any films?

(d) What sort of film is it?

4 A Spanish-speaking friend has written to you announcing that he/she will be passing through your home town. Write a postcard to your friend inviting him/her to stay with you for a few days. Here's what you want to say:

(a) Say you have received his/her letter and that you are glad he/she is coming to your home town.

(b) Say you are sure he/she will like it very much.

(c) Invite him/her to stay at your house for a few days.

(d) Suggest he/she phones you to confirm his/her arrival.

Palabras y frases útiles

recibir *to receive*
alegrarse (de que . . . with the
  subjunctive) *to be glad (that . . .)*
estar seguro(a) *to be sure*
unos días (m pl) *a few days*

telefonear or llamar por teléfono *to
  telephone*
confirmar *to confirm*
llegada (f) *arrival*

---

 5 ¡A escuchar!

Una exposición: The text reproduced in this exercise is a commentary from *Radio Nacional de España* about a Picasso exhibition which took place in Madrid. Listen to the commentary if you have the cassette or, alternatively, look at the transcript on page 195 and use the text for reading comprehension. If you are using the cassette, the recording will probably sound a bit fast to you at first, but radio announcers and television presenters in Spain tend to speak like this. Don't be discouraged by it. First, look at the vocabulary and the questions opposite then listen to the announcement a few times before you attempt to answer the questions. If you still have difficulty, look at the transcript of the text on page 195 and read it through until you are sure you can understand it. Remember you don't need to understand every single word. If you do not have the cassette, read the transcript two or three times and then answer the questions.

---

cola (f) *queue*
obra (f) *work of art*
pertenecientes a *belonging to*
viuda (f) *widow*
suicidarse *to commit suicide*

muestra (f) *exhibition*
acudir *to go, attend*
por encima de *above*
despertar *to wake up*

Answer the following questions in English.

(a)　(i)　When did the exhibition take place and where?

　　　(ii)　How many of Picasso's works were shown?

　　　(iii)　Who owned the paintings?

　　　(iv)　What happened to Jacqueline Roque?

(b)　The second exercise includes another authentic piece from Spanish radio. This time the announcers refer to a series of cultural activities related to Spain which took place in the United States. Once again, go through the passage as suggested above, looking at the vocabulary first, then do the comprehension exercise below. You'll find the transcript on page 195.

estadounidense *from the United States*	aragonés *from Aragon in Spain*
Se ha visto aumentada. *It has increased.*	acontecimiento (m) *event*
	asistir *to attend*
estrenarse *to open (theatre, opera, etc.)*	compositor (m) *composer*
	afamado *famous*
	En concreto. *To be exact.*

Proper names mentioned in the announcement are as follows:
Francisco de Goya, la Reina doña Sofía, Gian Carlo Menotti, Plácido Domingo.

Complete these phrases with information from the text.

(a)　Dos de las ciudades donde se realizaron estos actos culturales: _____

(b)　Ejemplos de actividades culturales realizadas: _____

(c)　Evento cultural que tuvo lugar en noviembre: _____

(d)　Obra basada en la vida de _____

(e)　A este acto asistió _____

(f)　La obra fue interpretada en su papel principal por _____

6 Leisure activities and sports sometimes can be a nuisance to others as the person who wrote the letter on page 30 to the Spanish newspaper *La Vanguardia* seems to think. What does she complain about? Read it through and then answer the questions.

¿QUÉ HE HECHO YO PARA MERECER ESTO?

Creía que era una ciudadana normal. Es decir, alguien que paga impuestos, trabaja y, por lo tanto, tiene derecho al descanso cuando llega a su casa . . . Pues no. Los vecinos de la Avenida de Madrid, los que habitamos sobre la Escuela Barcelona, podemos empezar a vivir a partir de las 10 de la noche. Mientras tanto, es imposible leer, oír música o, simplemente, charlar. Durante el día, de 9 a 5, los alumnos de la escuela juegan en el patio. Es lo normal, pero lo que no puedo entender es que tengamos que soportar ruidos y gritos también por la tarde (los sábados sesión continua de 4 a 10), una vez se acaban las clases, debido a las actividades deportivas que el Ayuntamiento organiza y que se prolongan hasta las 10 de la noche. Lo curioso es que otras zonas deportivas de colegios e institutos de la zona permanecen desocupadas.

¿Nos pondrá el Ayuntamiento de Les Corts doble vidrio en las ventanas? ¿Nos eximirán de impuestos por ser forzados contribuyentes al deporte? ¿Por fin nos dirán que nos aguantemos, ya que somos ciudadanos de cuarta categoría (por lo menos)?

ANGELES RODRIGUEZ MARTIN Barcelona.
Diario La Vanquardia, Barcelona, España

---

impuesto (m) *tax*	grito (m) *shout*
por lo tanto *therefore*	acabarse *to finish*
tener derecho a *to have a right to*	ayuntamiento (m) *town hall*
vecino (m) *resident*	permanecer *to remain*
mientras tanto *in the meantime*	Les Corts *the Catalonian Parliament*
soportar *to stand, bear*	doble vidrio (m) *double glazing*
ruido (m) *noise*	aguantarse *to resign oneself*

¿Verdadero o falso?

(a) Angeles Rodríguez trabaja en la Escuela de Barcelona.

(b) Sólo puede leer, oír música y charlar hasta las 10.

(c) Las clases en la escuela van de 9 a 5.

(d) Los sábados de 4 a 10 no hay ruido.

(e) Las actividades deportivas organizadas por el Ayuntamiento terminan a las 10.

(f) En la zona no existen otros lugares para las actividades deportivas.

Consolidación

You are writing a letter to a Spanish-speaking correspondent who wants to know about your hobbies and interests. Write about a 100–150 words saying what you normally do in your spare time and the sort of leisure activities you like. You will find a model letter in the **Key to the exercises**, which you may compare with your own version.

Palabras y frases útiles

Los fines de semana generalmente . . . *At the weekends generally . . .*
Durante las vacaciones normalmente . . . *During the holidays normally . . .*
En mi tiempo libre, por lo general . . . *In my spare time generally . . .*
Me gusta/prefiero escuchar música. *I like/prefer to listen to music.*

leer *to read*
ver la televisión *to watch television*
salir de paseo *to go for a walk*
hacer deportes (nadar, jugar al tenis/al fútbol) *to do sports (swim, play tennis/football)*
tomar una copa con los amigos *to go for a drink with friends*
salir de compras *to go shopping*
jugar al ajedrez *to play chess*

3
¡A TRABAJAR!

Objetivos

In this unit you will learn to:

- Describe your job
- Discuss working conditions
- Say what you like or dislike about your job
- Refer to events which began in the past and which are still in progress

———————— Tema ————————

The main subject of Unit 3 is work. You will learn to talk about your own and other people's jobs, to understand job advertisements and to give simple information about your work experience. As in previous units, you will find some authentic material on the subject, which will help you to increase your passive vocabulary and your capacity to communicate in Spanish.

———————— Diálogos ————————

1 Hablando de trabajo

En un vuelo hacia un país de habla española, dos extraños hablan sobre su trabajo.

Señor	¿A dónde va usted?
Señora	Voy a Lima. ¿Y usted?
Señor	Yo voy a Santiago de Chile.
Señora	¿Va de vacaciones?
Señor	No, voy por negocios. Soy representante de una empresa de maquinaria agrícola. ¿Y usted va de vacaciones?
Señora	No, yo también voy por razones de trabajo, aunque también me tomaré unos días de vacaciones. Pero, principalmente voy de compras. Tengo una tienda de artesanía y en Perú compramos muchos de los artículos que vendemos. También en México. Tienen una artesanía maravillosa.
Señor	Vd. es peruana, ¿verdad?
Señora	Sí, soy peruana, pero vivo en España desde hace muchos años. ¿Y usted ha estado antes en Sudamérica?
Señor	Solamente en Venezuela y en Colombia. Conozco muy bien Venezuela. Trabajé dos años allí en una empresa de petróleo . . .
Señora	Le gusta viajar, supongo.
Señor	Bueno sí, es una de las cosas que más me gusta de mi trabajo. Viajo constantemente.
Señora	A mí me encanta viajar, pero no lo hago muy a menudo. Ésta es una excepción. Normalmente las compras las hace mi socio, pero esta vez me ha tocado a mí. Además, necesitaba un descanso.
Señor	¿Cuánto tiempo va a quedarse en Perú?
Señora	Dos semanas solamente. Dedicaré una semana a mis compras y luego me iré por una semana a Arequipa a visitar a mis padres.

Voy por negocios. *I am going on business.*	suponer *to suppose*
maquinaria agrícola (f) *agricultural machinery*	A mí me encanta viajar. *I love travelling.*
tomarse unas vacaciones *to take a holiday*	socio (m) *partner*
artesanía (f) *handicrafts*	esta vez (f) *this time*
empresa de petróleo (f) *oil company*	tocar *to be one's turn*
	quedarse *to stay*
	colega (m/f) *colleague*

Notas explicativas

Me ha tocado a mí.   *It has been my turn.*

Notice the indirect object pronoun **me** in this sentence. Likewise:

Le ha tocado a él or **a**
   ella, a usted.
            It has been his, her, your turn.

Nos toca a nosotros.   *It is our turn.*

Note also **¿A quién le toca?** *Whose turn is it?*

Ejercicio de comprensión 1

Summarise briefly in English all the information given by the man about the purpose of his trip and his work. Then write another summary with the information given by the woman.

🔲 2 ¿En qué trabajas?

Mercedes y Paloma acaban de conocerse en casa de un amigo común. Las dos chicas hablan sobre sus actividades.

Mercedes ¿En qué trabajas tú?

Paloma Trabajo en la oficina de turismo.

Mercedes !Qué bien! Es un trabajo interesente, ¿no?

Paloma Pues sí, lo que pasa es que llevo mucho tiempo allí y estoy un poco aburrida. Pero, vamos, tampoco me puedo quejar. El sueldo no está nada mal y tengo un mes de vacaciones al año.

Mercedes ¿Cuánto tiempo hace que trabajas allí?

Paloma Casi cinco años. Al principio me gustaba mucho, especialmente el contacto con el público. Eso era lo que más me gustaba, pero luego te das cuenta de que el trato es más bien impersonal y estás repitiendo casi siempre lo mismo . . ., que dónde está esto, dónde está lo otro, que si tiene usted un mapa, y cosas por el estilo . . . Bueno, ¿y tú que haces?

Mercedes Soy profesora. Enseño español a extranjeros en un instituto de idiomas.

Paloma ¿Y qué tal? ¿Te gusta?

Mercedes Pues, enseñar sí me gusta, lo que no me gusta es el sueldo. Nos pagan muy poco.

Paloma ¿Por qué no pides un aumento?

Mercedes ¡Vamos, que la cosa no es tan fácil!

Paloma ¿Cuánto tiempo llevas trabajando allí?

Mercedes Un año solamente, pero espero cambiarme pronto.

Paloma Bueno, ¡qué tengas suerte!

Mercedes Gracias, tú también.

aburrido(a) *bored*	repetir *to repeat*
quejarse *to complain*	cosas por el estilo *things like that*
sueldo (m) *salary*	enseñar *to teach*
al principio (m) *at the beginning*	extranjero (m) *foreigner*
Me gustaba mucho. *I used to like it a*	aumento (m) *increase*
lot.	esperar *to hope*
darse cuenta *to realise*	¡Qué tengas suerte! *I hope you are*
trato (m) *relationship*	*lucky!*

✳ Notas explicativas

Llevo mucho tiempo alli.   *I have been there for a long time.*
¿Cuánto tiempo hace que   *How long have you been working*
trabajas allí?   *there?*

Notice here the use of **llevar** and **hacer** with expressions of time, to refer to actions which began in the past and which are still in progress. For more information on these constructions see the sections **Frases y expresiones importantes** and **Notas gramaticales**.

Ejercicio de comprensión 2

Answer the following questions in English:

(a) How does Paloma find her job now?

(b) What does she say about her salary?

(c) How long has she been working there?

(d) What did she like about her job first?

(e) What work does Mercedes do?

(f) What does she like and dislike about it?

— Frases y expresiones importantes —

Describing your job

Tengo una tienda de   *I have/own a handicraft shop.*
artesanía.
Soy profesora.   *I am a teacher.*
Trabajo en la oficina de   *I work in the tourist office.*
turismo.

Discussing working conditions

El sueldo no está nada mal.	*The salary is not bad at all.*
Tengo un mes de vacaciones al año.	*I have a month's holiday a year.*

Saying what you like or dislike about your job

Es una de las cosas que más me gusta de mi trabajo.	*It is one of the things I like most about my job.*
Enseñar sí me gusta.	*I do like teaching.*

Referring to events which began in the past and which are still in progress

¿Cuánto tiempo llevas trabajando allí?	*How long have you been working there?*
¿Cuánto tiempo hace que trabajas allí?	*How long have you been working there?*
Llevo mucho tiempo allí.	*I have been there for a long time.*

Notas gramaticales

1 Llevar *followed by the gerund*

This construction is used to refer to events which began at some point in the past but which are still now in progress. Consider again the sentences in **Diálogo 2** and these further examples.

¿Cuánto tiempo **llevas viviendo** en este piso?	*How long have you been living in this flat?*
Llevo dos años **viviendo** aquí.	*I have been living here for two years.*
¿**Lleváis** mucho tiempo **trabajando** juntos?	*Have you been working together for a long time?*
Llevamos seis meses **trabajando** juntos.	*We have been working together for six months.*

If the context makes it clear, as with **vivir** and **trabajar**, the gerund **viviendo**, **trabajando**, may be omitted. For example:

¿Cuánto tiempo **llevas** en Barcelona?	*How long have you been (living) in Barcelona?*

Él **lleva** cinco años en esta empresa.	*He has been (working) in this company for five years.*

Llevar may also be used in the imperfect tense to refer to an action which began in the past and which continued until some point in the past. For example:

María **llevaba** diez años (**trabajando**) en esa firma cuando cerró.	*Maria had been (working) in that firm for ten years when it closed.*

Nota: To form the gerund add **-ndo** to the stem of **-ar** verbs and **-iendo** to that of **-er** and **-ir** verbs. eg: trabajar, trabajando, vivir, viviendo.

2   Hace *and a time phrase followed by* que *and the present tense*

An alternative to the construction above is this one with **hace** in the third person. Consider again the example in **Diálogo 2** and then these further examples:

¿Cuánto tiempo **hace que vives** en España?	*How long have you been living in Spain?*
Hace un año **que vivo** en España.	*I have been living in Spain for a year.*
or	
Vivo en España **desde hace** un año.	*I have been living in Spain for a year.*

Notice also the use of **hacer** in the imperfect tense:

Hacía tres años que yo no la **veía**.	*I hadn't seen her for three years.*

Compare this sentence with:

Hace tres años que yo no la **veo**.	*I have not seen her for three years.*

Repaso

1 What questions would you need to ask to get these answers?

(a)   Llevo tres años estudiando español.

(b) Llevamos tres meses en esta casa.

(c) Carlos lleva ocho años trabajando en París.

(d) Hace seis meses que no voy a Madrid.

2 Reply to these questions in any way you want using either of the two constructions explained in **Notas gramaticales**.

(a) ¿Cuánto tiempo hace que Vd. espera?

(b) ¿Cuánto tiempo llevas haciendo esto?

(c) ¿Hace mucho tiempo que os conocéis?

(d) ¿Lleva Vd. mucho tiempo en este puesto?

---

puesto (m) *job, position*

Actividades

1 Complete the blanks in this passage with the appropriate words.

Me llamo Martín Iglesias, _____ hace cuatro años trabajo _____ administrativo en una agencia _____ empleos. Es mi primer _____ y estoy bastante contento con _____, ya que tengo la _____ de relacionarme con mucha gente _____, especialmente gente joven que _____ trabajo por primera vez. Eso es _____ que más me gusta.

Mi _____ de trabajo no está mal, pues _____ a las 9.00 de _____ mañana y termino a las 6.00. Los sábados _____ tengo libres. Mis vacaciones _____ de tres semanas.

Mi _____ no es muy bueno, ya que ahora sólo _____ 80.000 pesetas al mes, pero _____ que a comienzos del año que _____ me den un aumento.

Lo único que no me _____ de mi trabajo es que tengo que viajar mucho, pues _____ bastante lejos del barrio _____ vivo, pero en el futuro espero _____ a un lugar más cercano.

2 On a flight to Spain you spotted the following job advertisement in *El Independiente,* a Spanish newspaper.

PSICOTEC TECNICOS EN RECURSOS HUMANOS

Sólida empresa comercializadora de maquinaria auxiliar para O.P. situada en la zona Norte de Madrid, precisa cubrir los siguientes puestos de trabajo.

CONTABLE

(2,5-3.000.000 bruto/año) Ref:C.O.Indep.

Se requiere: • Titulación a nivel de Licenciado en CC Económicas-Empresariales.

• Buenos conocimientos de control presupuestario, inglés e informática a nivel de usuario.

ADMINISTRATIVO / INGLÉS

(2-2.500.000 bruto/año) Ref. A.I. Indep

Se precisa: • Dominio del idioma inglés oral y escrito.

• Experiencia mínima de dos años, preferiblemente en empresa de actividad técnica.

SECRETARIA BILINGÜE

(1.500.000 bruto/año) Ref: S.B. Indp.

Se requiere: • Dominio del idioma inglés.

• Titulación a nivel de FP-II o BUP.

• Se valorará experiencia en al desempeño de un puesto similar.

En todos los casos se ofrece incorporación a prestigiosa compáñía, con posibiliadeds reales de promoción y desarrollo profesional.

Interesados, enviar currículum vitae a PSICOTEC, S.A., calle de Ortense, 9,1 derecha. 28020 Madrid, indicando en sobre y carta la referencia del puesto solicitado.

O.P. (obras públicas) (f pl) *public works*

contable (m/f) *accountant*

bruto *gross* (adjective)

titulación (f) *degree*

Licenciado en CC. (Ciencias) Económicas–Empresariales *graduate in economics–business administration*

presupuestario *budget (adjective)*

informática (f) *computer science*

usuario (m) *user*

FP (Formación Profesional) *vocational training*

BUP (Bachillerato Unificado Polivalente) *secondary education*

valorar *to take into consideration*

desempeño (m) *performance*

desarrollo profesional (m) *professional development*

(a) What degree do you need to apply for the first job?

(b) What are other requirements for the same post?

(c) What are the requirements for the post of **Administrativo/ Inglés**?

(d) What salary are they offering for the secretarial job?

(e) What are the basic requirements for this post?

3 You will be spending six months at a language school in Spain and you
wish to do some part-time work to earn some money and have contact
with Spanish people. Two job advertisements in the newspaper
El Independiente attract your attention.

PERSONA MAYOR **DE 23 AÑOS** **10.000 PTAS. DIARIAS** **SUPERABLES** EMPRESA MULTINACIONAL EN PLENA EXPANSION LLAMAR DE 9.00 A 14.00 HORAS Y DE 16.00 A 19.30 HORAS. **TELS.: 471 14 00 y 462 79 00** *PREGUNTAR POR LA SRTA. TOÑI*	**¡¡OPORTUNIDAD UNICA!!** **PERSONAS MAYORES** **DE 23 AÑOS** EMPRESA LIDER OFRECE TRABAJO 3 HORAS DIARIAS – FORMACION A NUESTRO CARGO – 200.000 PTAS. MES SUPERABLES **TELEF.: 361 25 88**

You decide to telephone to get more information on the jobs. Here is
your first telephone conversation:

Telefonista Hispánica, buenos daís. ¿Dígame?
Vd. *Good morning. Say you are calling about the advertise-
ment in the newspaper El Independiente and that you
would like to speak to señorita Toñi.*
Telefonista Un momento, por favor. No cuelgue. (pausa) ¿Oiga?
Vd. *Yes?*
Telefonista La extensión de la señorita Toñi está comunicando.
¿Quiere Vd. esperar?
Vd. *It's all right. You'll wait.* (pausa)
Telefonista ¿Oiga? Le pongo con la señorita Toñi.
Srta. Toñi ¿Sí, dígame?
Vd. *Say good morning, give your name and say you have
seen the advertisement in the newspaper El Independiente and that you would like to have more information
about the job.*
Srta. Toñi Bueno, se trata de una editorial y necesitamos vende-
dores a domicilio para ofrecer nuestra nueva en-
ciclopedia. ¿Tiene Vd. experiencia en este tipo de
trabajo?
Vd. *Yes, you worked as a salesman/woman for a time
although you have never sold books. But you are willing
to learn. You are living in Spain now (don't say it's only*

for six months) and you need to earn some money and this is the sort of job you are looking for. You are very interested in it.

Srta. Toñi Bueno, nosotros daremos entrenamiento al personal que seleccionemos. Si Vd. gusta le puedo enviar un folleto informativo sobre la empresa, nuestros productos y las condiciones de trabajo. Le incluiremos, además, una solicitud, y si a Vd. le interesa el puesto puede rellenarla y enviarla con una fotografía reciente. Me da su nombre y dirección, por favor.

Vd. *Give your name and address.*

---

anuncio (m) *advertisement*	estar dispuesto a *to be willing to.*
No cuelgue. *Don't hang up.*	entrenamiento (m) *training*
Le pongo con . . . *I'll put you through to . . .*	solicitud (f) *application form*
	rellenar *to fill in*
vendedor(a) a domicilio *door to door salesman(woman)*	Está comunicando. *It is engaged.*

---

4 Roberto Urrutia from Chile needed a letter from his boss to get a loan. This is part of the letter written by Roberto's boss to the company that requested the references.

García y Cía.
Calle Miraflores 546
Santiago
Chile

Santiago, 4 de octubre de 1992

Señora Carmen Aldunate
Gerente PROCASA S.A.
Avenida El Bosque 321,
Las Condes
Santiago

Estimada señora:
En respuesta a su carta del 15 del corriente, me es muy grato confirmar que el señor Roberto Urrutia trabaja como jefe de ventas en nuestra empresa desde hace cinco años. El señor Urrutia gana actualmente un sueldo bruto de cuatrocientos mil pesos mensuales.

Estimada señora: *Dear Madam*
en respuesta a . . . *in reply to . . .*
del corriente *of the current month*
Me es muy grato . . . *I am pleased to . . .*

Forms of address in letter writing
Formal
Muy señor mío: *Dear Sir,*
Muy señor míos: *Dear Sirs,*
Estimado señor: *Dear Sir,*
Estimada señora: *Dear Madam,*

Less formal
Estimado señor Diaz: *Dear Mr Diaz,*
Estimada señorita Pérez: *Dear Miss Pérez,*

Informal
Querido Carlos: *Dear Carlos,*
Querida Maria: *Dear Maria,*

jefe de ventas (m) *sales manager*
peso (m) *currency used in Chile and other Spanish–American countries*

Introductory phrases
Acuso recibo de su carta de fecha 12 de los corrientes . . . *I acknowledge receipt of your letter of the 12th of the current month . . .*
En contestación a su carta de fecha 5 de marzo . . . *In answer to your letter of 5th March . . .*
El objeto de la presente es . . . *This is to . . .*

Formal close
Atentamente *or* Le(s) saluda atentamente, *Yours truly or Yours sincerely,*

Informal close
Un abrazo *Best wishes, love*

Imagine your boss is giving similar information about you. Write the letter you are likely to get. Give your own or an imaginary occupation and salary.

5 ¡A escuchar!

Hablando de trabajo: A journalist from a Spanish magazine conducted a series of interviews with people at work. Here are two of those interviews. If you have the cassette, you can treat this as a listening comprehension exercise, following the suggestions given in the introduction to the book and in previous units. If you do not have the cassette, you can use the transcripts of the interviews on pages 196–97 for reading comprehension. In either case, refer to the notes and questions below.

María del Carmen Salas.

This is the first interview. As you listen (or read) fill in the form below with the information given by María del Carmen. If you are using the cassette and have difficulty in understanding, use your rewind button and listen again as many times as you need. Then you'll be able to check the transcript before you go back to the recording again.

publicarse *to be published*
artículo (m) *article*
agradar *to like*
terreno (m) *field*
lectora (f) *reader*

satisfacer *to satisfy*
exigir *to demand*
estar dispuesta a *to be ready or willing to*

MARÍA DEL CARMEN SALAS

Edad: ....
Profesión: ....
Deberes: ....
Aspectos que considera positivos en su profesión: ....
....
....
....
Aspectos que considera difíciles en su profesión: ....
....
....
....

Now listen to (or read) the interview once more and, as you do so, give the Spanish for the following phrases used by María del Carmen and the interviewer.

(a) Could you tell me what you do for a living?

(b) I am in charge of . . .

(c) What do you like most about your profession?

(d) Field work.

(e) That is what I like most.

(f) Is there anything you don't like about your work?

(g) They are very demanding.

(h) You have to renew yourself constantly.

Javier Molina

In the second interview, Javier Molina talks about his job at the tourist information office in Alicante. Listen to (or read) the interview and then answer the questions overleaf in Spanish.

funcionario (m) *official*	propiedad (f) *property*
tener suerte *to be lucky*	alemán (m) *German*
seguro *safe* (adjective)	

Answer the following questions in Spanish.

(a) ¿Cuánto tiempo hace que trabaja Javier en la Oficina de Turismo de Alicante?

(b) ¿Dónde trabajaba antes?

(c) ¿Por qué decidió cambiarse?

(d) ¿Cómo describe su nuevo puesto?

(e) ¿En qué consiste su trabajo?

(f) ¿Qué tipo de información piden los turistas?

6 Read the text below which looks at the job prospects of Spanish graduates and, as you read it, answer the following questions in English.

(a) What is one of the things that worries young Spanish people most?

(b) What are the advantages of having a university degree?

(c) How does unemployment among university graduates compare with the national average for people without higher education?

(d) Which are the careers with better job prospects?

(e) Which are the professions with the highest number of unemployed people?

(f) What is the position of women graduates with regard to employment?

CÓMO ENCONTRAR EL PRIMER EMPLEO

L a búsqueda del primer empleo es una de la cosas que más preocupa a los jóvenes españoles, como seguarmente lo es para el resto de la juventud europea. La obtención de un título universitario no es garantía de trabajo, pero sí aumentará las posibilidades de acceso al mundo laboral.

Según los datos de una encuesta realizada por la empresa Edis entre estudiantes españoles, y corroborado en una entrevista con la revista Cambio

16 por el Secretario de Estado de universidades e investigación, 'el índice de paro entre los universitarios es de dos veces menor que la media nacional entre jóvenes de su misma edad sin estudios superiores. Es decir, a pesar de esa frase que circula que la Universidad es una fábrica de parados, se puede asegurar que tener un título universitario es un pequeño seguro contra el paro.'

Ahora, las carreras con mayor salida laboral – según revela la encuesta – corresponden a idiomas, informática y tecnología en general. Aunque saber uno o más idiomas sin tener ninguna otra especialización no es garantía absoluta de empleo. Las empresas requieren individuos con una formación integral. Así, un ingeniero o técnico con conocimientos de idiomas extranjeros tendrá posiblemente menos dificultades para encontrar su primer empleo que aquél que no los tenga.

Según los datos obtenidos en la encuesta, en España el mayor número de parados se da dentro de las profesiones tradicionales, tales como filosofía y letras, medicina, derecho, biología, mientras que el menor número de parados lo encontramos en las áreas de ingeniería técnica de comunicaciones, náutica, ingeniería de caminos, canales y puertos, tecnolgía del sector sanitario, física, matemáticas, etc.

Tal como ocurre en otros sectores del mundo laboral, la mujer graduada encuentra más dificultades que el varón para obtener un empleo, y el paro es, en términos relativos, superior en las mujeres que en los hombres.

(fuente de la información: revista Cambio 16 Nº 859)

búsqueda (f) *search/hunt*	media (f) *average*
salida laboral (f) *job prospects*	informática (f) *computer science*
parado *unemployed* (adjective)	filosofia y letras (f) *humanities*
parados (m) *the unemployed* (in general)	derecho (m) *law*
paro (m) *unemployment*	sector sanitario (m) *health sector*

Consolidación

A Spanish speaker sitting next to you on an airplane starts up a conversation. He/she seems to be very interested in what you do for a living, perhaps too much for a total stranger. These are his/her questions. Answer giving real or imaginary information.

(a) ¿A qué se dedica Vd.?

(b) ¿Cuánto tiempo hace que trabaja en esto?

(c)   ¿Cuál es su horario de trabajo?

(d)   ¿Le gusta lo que hace? ¿Por qué?

(e)   ¿Qué tal el sueldo?

(f)   ¿Cuántos días de vacaciones tiene al año?

4

DE VUELTA
AL COLEGIO

Objetivos

In this unit you will learn to:

- Talk about your studies, including languages you speak, and give similar information about other people
- Refer to past events
- Say how long ago something happened
- Make enquiries

Tema

The dialogues and exercises in Unit 4 focus on the theme of education and foreign languages. You will learn to talk about your own school days and read about other people's experiences, and you will have a chance to write simple letters requesting information. This unit's reading comprehension focuses on Spanish language courses in Salamanca.

Diálogos

1 Usted habla muy bien español

En una reunión social en un país de habla española, hablan dos desconocidas, Francisca Bravo y Sarah Parker.

Francisca	Vd. es inglesa, ¿verdad?
Sarah	Sí, soy inglesa, de Bath. ¿Conoce Vd. Inglaterra?
Francisca	Sí, estuve en Londres con mi marido hace un par de años. Nos gustó mucho. Es una ciudad muy bonita. Me gustaría mucho volver. ¿Y Vd. está aquí de vacaciones?
Sarah	No, mi marido ha sido enviado aquí por su empresa y nos quedaremos tres años.
Francisca	¡Estupendo!, Vd. habla muy bien español.
Sarah	Gracias. Estudié español en la escuela y antes de venirme hice un curso intensivo de tres meses. Pero todavía me falta mucho por aprender. Espero tomar algún curso en una escuela de idiomas. ¿Y Vd. habla inglés?
Francisca	¡Uy! Lo hablo, pero muy mal. Me da vergüenza decirlo. Mi marido sí, él habla inglés bastante bien. Lo aprendió en Estados Unidos. Vivió allí antes de que nos casáramos. También habla algo de alemán, y el francés lo domina perfectamente. Su madre es francesa.
Sarah	¡Qué bien! A mí me encantan los idiomas.

Ha sido enviado. *He has been sent.*
Nos quedaremos. *We will stay.*
un par (m) *a couple*
Todavía me falta mucho por aprender. *I still have a lot to learn.*
escuela de idiomas (f) *school of languages*

Me da vergüenza. *I feel ashamed.*
Antes de que nos casáramos . . .
  Before we got married . . .
Lo domina perfectamente. *He is perfectly fluent.*
curso (m) *course*

✳ Notas explicativas

Notice the use of the direct object pronoun **lo** in these sentences:

Lo hablo muy mal (el inglés).	*I speak it very badly.*
Lo aprendió en Estados Unidos (el inglés).	*He learnt it in the United States.*
Lo domina perfectamente (el francés).	*He is perfectly fluent in it.*

For a revision of direct object pronouns see **Notas gramaticales** on page 52.

Ejercicio de comprensión 1

¿Verdadero o falso?

(a) Francisca está en Londres con su marido desde hace un par de años.

(b) Londres les agradó mucho.

(c) El marido de Sarah es empresario.

(d) Los primeros estudios de español de Sarah los hizo en la escuela.

(e) Francisca vivió en Estados Unidos antes de que se casara.

(f) Su marido domina el inglés, el alemán y el francés.

2 Pidiendo información

Sarah Parker pide información sobre cursos de español en una escuela de lenguas.

Secretaria Buenos días. ¿Qué desea?

Sarah Buenos días. ¿Podría darme información sobre los cursos de español para extranjeros?

Secretaria ¿Quiere usted pasar a la oficina número veinte, por favor? Allí le darán toda la información que necesite. Está al final del pasillo.

Sarah Gracias.

(En la oficina Nº 20)

Encargado Buenos días, ¿dígame?

Sarah Buenos días. He venido a pedir información sobre los cursos de español para extranjeros.

Encargado ¿Vd. es profesora de español? Se lo pregunto porque para profesores extranjeros de español tenemos cursos especiales.

Sarah No, no, estoy interesada en un curso general.

Encargado Bueno, en ese caso le puedo recomendar el curso general que empieza el 31 de julio y termina el 26 de agosto.

Sarah ¿Del 31 de julio al 26 de agosto me ha dicho?

Encargado Exactamente. Son cuatro semanas en total. También tenemos un curso intensivo que va del 3 al 29 de julio y un curso abreviado del 28 de agosto al 16 de septiembre.

Sarah Prefiero el curso general. No dispongo de mucho tiempo como para hacer el curso intensivo y el curso abreviado no es suficiente. ¿Cuál es el horario de clases?

Encargado	Bueno, en el caso del nivel superior, que es el que le correspondería a Vd. por su nivel de español, las clases de lengua son de 9.00 a 1.00. Y por la tarde, de 5.00 a 7.00, hay un ciclo de conferencias sobre cultura y civilización hispánicas.
Sarah	Perdone, no he entendido lo último que me ha dicho.
Encargado	He dicho que entre las 5.00 y las 7.00 de la tarde hay una serie de conferencias sobre cultura y civilización.
Sarah	¿Y . . . puede decirme cuánto cuesta la matrícula?
Encargado	Un momento, por favor, le daré un folleto informativo que incluye los precios y el boletín de inscripción. También tiene aquí información sobre alojamiento en caso de que lo necesite.
Sarah	Muchas gracias.

Al final del pasillo. *At the end of the corridor.*
curso abreviado (m) *short course*
No dispongo de . . . *I haven't got . . .*
nivel superior (m) *advanced level*

matrícula (f) *registration*
folleto informativo (m) *information brochure*
alojamiento (m) *accommodation*

✳ Notas explicativas

Notice the use of object pronouns such as **me**, **le** in these sentences:

¿podría dar**me**
  información . . .?
allí **le** darán toda la
  información . . .,

Could you give me
  information . . .?
there they will give you all the
  information . . .

For an explanation of this see **Notas gramaticales**.

Ejercicio de comprensión 2

Answer the following questions in Spanish.

(a) ¿Por qué le pregunta el encargado a Sarah si ella es profesora de español?

(b) ¿Qué duración tiene el curso general? ¿Y el curso abreviado?

(c) ¿Por qué no desea hacer el curso intensivo Sarah?

(d) ¿Qué le da el encargado a Sarah?

— Frases y expresiones importantes —

Saying what you have studied and what languages you speak

Estudié español en la
escuela.

I studied Spanish at school.

Lo hablo (el inglés), pero
muy mal.

I speak it, but very badly.

Él habla inglés bastante bien.

He speaks English quite well.

Referring to past events

Estudié español.

I studied Spanish.

Lo aprendió en EE.UU.

He learnt it in the United States.

Vivió allí antes de que nos
casáramos.

*He lived there before we got
married.*

Saying how long ago something happened

Estuve en Londres con mi
marido hace un par de
años.

*I was in London with my husband
a couple of years ago.*

Making enquiries

¿Podría darme información
sobre los cursos de
español?

*Could you give me information
about the Spanish courses?*

¿Puede decirme cuánto
cuesta la matrícula?

*Can you tell me what the
registration fees are?*

—————— Notas gramaticales ——————

1 The preterite tense

Usage

To refer to events which are past and complete and to events which
lasted a definite period of time and ended in the past, you use the *preterite
tense* or *simple past tense*. For example:

Lo **aprendió** en Estados
Unidos.

He learnt it in the United States.

> **Estudié** español durante
> dos años.
>
> *I studied Spanish for two years.*

Formation

The preterite tense has two sets of endings, one for **-ar** verbs and another one for **-er** and **-ir** verbs. Here are two fully conjugated verbs: **estudiar** *(to study)* and **aprender** *(to learn)*.

estudié *I studied*	**estudiamos** *we studied*
estudiaste *you studied* (familiar)	**estudiasteis** *you studied* (familiar)
estudió *he/she/you studied*	**estudiaron** *they/you studied*

aprendí *I learnt*	**aprendimos** *we learnt*
aprendiste *you learnt*	**aprendisteis** *you learnt* (familiar)
aprendió *he/she/you learnt*	**aprendieron** *they/you learnt*

For irregular verbs in the preterite, such as **hacer** *(to do, make)*, **hice, hiciste, hizo . . .**, **estar** *(to be)*, **estuve, estuviste, estuvo . . .**, see your grammar book and the **Table of irregular verbs** on page 205.

2 Hace *(ago)*

With a verb in the preterite tense, **hace** translates into English as *ago*.

> **Estuve** en Londres con mi
> marido **hace** un par de
> años.
>
> *I was in London with my husband
> two years ago.*

Compare this construction with the one you learnt in Unit 4, such as:

> **Hace** un año que **vivo** en
> Madrid.
>
> *I have been living in Madrid for a
> year.*

3 Direct object pronouns

The word **lo** in **lo hablo** *(I speak it)*, **lo aprendió** *(he learnt it)*, is a direct object pronoun. You use a direct object pronoun to avoid the repetition of a noun, in this case the word **el inglés**, *English*.

> ¿Y usted habla inglés?
> **Lo** hablo, pero muy mal.
>
> *And do you speak English?*
> *I speak it, but very badly.*

Here is the complete set of direct object pronouns:

Singular		Plural	
me	*me*	**nos**	*us*
te	*you* (familiar)	**os**	*you* (familiar)
lo	*him, it* (m)	**los**	*them* (m)
la	*her, it* (feminine)	**las**	*them* (feminine)

Here are some further examples:

¿Conoces a Juan?   *Do you know Juan?*
Sí, **lo** conozco.   *Yes, I know him.*

Nota: In Madrid and in some regions of central Spain you are more likely to hear **le**, **les**, instead of **lo**, **los**, for human males – singular and plural respectively – all of which are considered correct. However, it may be easier for you to memorise the following simple rule when using the masculine form of direct object pronouns: *use* **lo** *and* **los** *for things and* **le** *and* **les** *for people.*

La ví ayer.   *I saw her/it yesterday.*
Nos llamó.   *He/she called us.*

4 Indirect object pronouns

To say *to/for me, to/for you, to/for him, her*, etc., you use the following set of words which are called *indirect object pronouns*.

Singular		Plural	
me	*me, to me, for me*	**nos**	*us, to us, for us*
te	*you, to you, for you* (familiar)	**os**	*you, to you, for you* (familiar)
le	*him/her, to him/her, for him/her*	**les**	*them, to them, for them*

Examples:

¿Podría dar**me**   *Could you give me*
   información . . . ?   *information . . .?*
Allí **le** darán toda la   *There they will give you all the*
   información . . .   *information . . .*

If you have two object pronouns, one direct and one indirect, the indirect one comes first.

Él **me** lo explicó.   *He explained it to me.*

When the indirect object **le** (or **les**) precedes **lo**, **la**, **los** or **las**, the indirect object becomes **se**. For example:

Le pregunto.	*I ask you.*
Lo pregunto.	*I ask about it.*
Se lo pregunto.	*I ask you (about it).*

Notice that object pronouns normally precede the conjugated verb, but in phrases where a finite verb (a conjugated verb) precedes an infinitive, the object pronoun may either precede the finite verb or be attached to the infinitive. For example: ¿Podría dar**me** información . . .? or ¿**Me** podría dar información?

 ———————— **Repaso** ————————

1 Read this extract from a letter written by Alfonso to his pen friend in England and complete each blank space in the letter with a verb from the box on page 55. Use the preterite tense. For irregular verbs, check the **Table of irregular verbs** on page 205 if necessary.

> Querida Barbara :
>
> _____. mucho de recibir carta tuya nuevamente y de saber que te _____ bien en tus exámenes. Por lo que me cuentas, el curso que _____ era bastante difícil.
>
> Me preguntas si he estudiado inglés. Bueno, la verdad es que lo _____ durante varios años, pero nunca _____ hablarlo correctamente. Creo que no _____ un buen profesor y además éramos muchos en la clase y no teníamos oportunidad de practicarlo. Pero hace unos seis meses; _____ a un curso intensivo en una escuela de lenguas que se _____ aquí en Segovia y _____ bastante. _____ estudiar mucho, pues teníamos seis horas diarias de clases; pero creo que _____ la pena, ya que ahora al menos puedo comunicarme y entiendo casi todo. Espero que cuando te visite en Inglaterra me puedas ayudar . . .

estudiar	aprender	asistir
abrir	alegrarse	merecer
conseguir	ir	tener que
tener	hacer	

2 Complete the blank spaces below with the correct object pronouns:
me, te, lo, le, etc.

(a) ¿_____ puedes explicar lo que significa esta frase? No entiendo
muy bien el español. Por supuesto, yo _____ _____ explicaré.

(b) ¿Habla Vd. español? _____ hablo, pero no muy bien.

(c) Carlos habla demasiado rápido. No _____ entiendo casi nada.

(d) Por favor, cuando llegue María díga _____ que _____ llame.
Necesito preguntar _____ algo. Muy bien, _____ _____ diré.

(e) Por favor, ¿podría dar _____ información sobre los cursos de
español? Un momento, por favor, _____ _____ daré en seguida, y
_____ daré también un folleto informativo.

Actividades

1 At a conference in a Spanish-speaking country you engage in informal
conversation with one of the participants.

Señor Vd. habla muy bien español.
Vd. *(Thank him. Say that is very kind of him.)*
Señor ¿Dónde lo aprendió?
Vd. *(Say you learnt it at school, but you also spent six months in
Spain. Ask him if he speaks English.)*
Señor Lo hablo, pero bastante mal. Lo encuentro muy difícil. Pero
el francés sí lo hablo muy bien.
Vd. *(Ask him where he studied French.)*
Señor Bueno, mis padres vivieron en París cuando yo era pequeño.
Lo aprendí allí. ¿Y Vd. habla francés?
Vd. *(Yes, you did several years of French at school and you had an
excellent teacher. And you also go to France every summer.
Last year you were in Cannes. You liked it very much.)*
Señor Sí, a mí me encanta Cannes también. Mi mujer y yo es-
tuvimos allí hace unos cinco años. Lo pasamos estupenda-
mente.

2 You are going to make enquiries about Spanish courses at a language school in Spain. Write the necessary questions to get the information you need.

(a) Ask if they do summer courses in Spanish.

(b) Ask when they start.

(c) Ask what levels they offer.

(d) Ask how much they cost.

(e) Ask about the time-table.

(f) Ask if they can help you find accommodation.

3 Traducción

Pamela Johnson wrote to a school in Malaga asking for information about Spanish courses. This is her letter.

> 26 Devonshire Street
> Londres W3 7HF
> Inglaterra
> 26 de mayo de 1993
>
> Señor Director de Estudios
> Cursos para extranjeros
> Universidad de Málaga
> San Agustín 6
> 29080 – Málaga
> España
>
> Muy señor mío:
> El objeto de la presente es solicitar a Vd. que me envíe información sobre los cursos de español para extranjeros que ofrecerá la Universidad de Málaga este verano.
> Le ruego me dé información detallada sobre las fechas en que éstas se realizarán, los niveles que se ofrecen, el horario de clases y el valor de la inscripción. Le agradeceré además que me informe sobre la posibilidad de conseguir alojamiento a través de ustedes con una familia española.

En espera de sus gratas noticias, le saluda
atentamente.

Pamela Johnson

What information did Pamela ask for in the letter? Translate this into
your own language.

El objeto de la presente es . . . *This is to . . .* le ruego . . . *please, kindly*	Le agradeceré. *I shall be grateful.* En espera de sus gratas noticias. *I look forward to hearing from you.*

4 Here is part of the information Pamela Johnson received from the
school of languages in Malaga. Read it through and make a note in
English of the following points:

(a) How can you register?

(b) What certificates or diploma can you obtain?

(c) What sort of accommodation can they help you find?

(d) How are the students grouped?

(e) How many hours a week do you have to attend?

(f) What activities can students take part in during the course?

UNIVERSIDAD DE MÁLAGA
CURSOS PARA EXTRANJEROS
Apartado 310.   29080-MÁLAGA. ESPAÑA
Teléfono:(34)52-214007. Fax:(52)-212513

28 CURSO DE VERANO

El Curso se dirige a extranjeros que deseen iniciar o ampliar sus
conocimientos en lengua y cultura espanolas.

Duración
Se desarrolla en tres ciclos, pudiéndose inscribir en uno, dos o los tres.

Ciclo I	03.07 - 30.07
Ciclo II	01.08 - 30.08
Ciclo III	02.09 - 27.09

Inscripción y matrícula

El Curso de verano es un curso abierto: no es necesario ningún título académico para inscribirse, sólo se precisa tener 16 años.

Enviar a la Secretaría la ficha de inscripción, dos fotografías y fotocopie del documento de pago.

Un ciclo	33.000	pesetas
Dos ciclos	63.000	pesetas
Tres ciclos	94.000	pesetas

Exámenes y certificados

Los exámenes son obligatorios sólo para los alumnos que deseen obtener uno de estos títulos:
• Certificado de Lengua Española;
  Permanencia mínima: un mes.
• Diploma de Estudios Hispánicos;
  Permanencia mínima: dos meses.

Los derechos de examen y título son de 3.000 pesetas, que el alumno abonará una vez comenzado el curso.

Los derechos de certificado de asistencia sone de 1.000 pesetas.

Alojamiento

La Secretaría del Curso facilitará direcciones de familias o apartamentos a los alumnos inscritos que lo soliciten. Los precios aproximados son los siguientes:

Pensión completa:	48.000 ptas./mes.
Media pensión:	38.000 ptas./mes.
Sólo dormir:	25.000 ptas./mes.

Horario de clases y niveles

Los alumnos se dividen en niveles según sus conocimientos de lengua: básico, intermedio y superior. Se imparten cuatro clases diarias de lunes a viernes desde las 9.00 a las 13.15.

Otras actividades

Durante el Curso se organizan conciertos, espectáculos y sesiones de cine. Asimismo hay visitas a los principales monumentos de la ciudad y excursiones a ciudades de interés (Granada, Córdoba, Sevilla y Ronda).

También se organiza un viajé a Marruecos. Durante el mes de agosto son las fiestas de la ciudad con actos folklóricos y culturales de gran interés.

5 In a Spanish magazine, you see the following courses advertised and you decide to write making enquiries about one of them.

Follow this guideline:

(a)   Say you have seen the advertisement for courses offered by the Centro de Estudios Eva and state which course you are interested in.

(b)   Ask them to send you all the relevant information about the course, including the date when it is held, registration fees, time table and how you can register.

(c)   Ask them to send you the information as soon as possible.

For other standard words and phrases used in formal letter writing see the letter in Exercise 3 above and in Unit 3 pages 41–42.

Palabras y frases útiles

anuncio (m) *advertisement*
ofrecer *to offer*
información referente a . . . *relevant information about . . .*

realizarse *to be held*
inscribirse *to register*
lo antes posible *as soon as possible*
estar interesado(a) *to be interested*

 6 ¡A escuchar!

Recuerdos: In an interview on the subject of education, Gloria Díaz from Spain, talked about the school she went to. Listen to the conversation if you have the cassette or, alternatively, use the transcript on pages 197–98 for reading comprehension. First study these key words, then look at the questions and answer them as you read or listen to the conversation.

recuerdos (m) *memories*
olvidado *forgotten*
Disfruté. *I enjoyed it.*
Nos llevábamos mal. *We didn't get on.*

simpatiquísima *very nice*
asignatura (f) *(school) subject*
Suspendí. *I failed.*
guardar *to keep*

¿Verdadero o falso?

(a) Hace casi dos años que Gloria está en el colegio.

(b) Gloria estudió en un colegio religioso para chicas.

(c) Ella fue allí porque prefería estar sólo con chicas.

(d) La profesora que más le gustaba era la de matemáticas.

(e) Con la profesora de historia se llevaba muy bien.

(f) Sus asignaturas favoritas eran Matemáticas y Ciencias.

7 Every summer, thousands of foreign students come to Spain to study Spanish. The passage on page 61 from the newspaper *El País* looks at the situation in Salamanca where some of these courses are held. Read it through and then complete the sentences which follow.

salmantina *from Salamanca*
en torno a *approximately*
rasgos (m pl) *features*
tez (f) morena *dark skin*
dejar paso *to open the way to*
chapurrear *to have a smattering of a language*
tirón (m) *pull, attraction*

claustro (m) *cloister*
licenciado (m) *graduate*
disfrutar *to enjoy*
mesetaria *which is on the* meseta (f)*, the plateau of Castile*
impartir *to teach*
comunitarias *from/of the European Community*

SALAMANCA: SOL Y CULTURA

Los cursos internacionales de la universidad salmantina atraen cada año a más extranjeros. Cada mes de verano se inscriben en ellos en torno a los 1.300 estudiantes. En julio, la mayor parte procede de Estados Unidos, y llega en grupos organizados. En agosto son europeos muchos de ellos. También, en cualquiera de los meses, los estudiantes tienen rasgos orientales, tez morena o proceden de cualquier lugar del mundo. Cuando empieza julio, los clásicos universitarios que estudian Derecho o Medicina abandonan Salamanca, regresan a sus pueblos o ciudades o se van de vacaciones. Al finalizar el año académico dejan paso en las calles a otros universitarios, más desiguales en edad, que *chapurrean* castellano o caminan en grupos por las calles, y que también acuden a otros centros privados que han aprovechado el tirón de la universidad salmantina para atraer a otros miles de alumnos cada verano.

Estos estudiantes comparten pasillos y claustros con otros españoles matriculados en cursos para universitarios – licenciados o profesores – organizados por cada facultad o departamento, generalmente de una semana o dos de duración. Y por vez primera este verano han podido ver cómo se reciclan sus propios profesores, porque se ha inaugurado una nueva especialidad: cursos para profesores de español de cualquier parte del mundo. En Salamanca *repiten* curso voluntariamente muchos estudiantes de verano, y otros llegan por recomendación de los amigos para disfrutar un mes en una ciudad mesetaria y seca que aparentemente invita poco a ello.

También este año han comenzado a impartirse cursos de características especiales: son para un solo alumno y con carácter intensivo. Y se imponen cada vez más, por la demanda, los que se dirigen a grupos específicos, por ejemplo a funcionarios de instituciones de algún país, o comunitarias.

(El País, España)

Complete these phrases with information from the text.

(a) El número de estudiantes que asiste a los cursos de verano es de aproximadamente _____.

(b) En el mes de julio, la mayoría de los estudiantes extranjeros viene de _____.

(c)   En el mes de agosto, la mayor parte de los estudiantes extranjeros son _____.

(d)   A comienzos de julio los alumnos regulares dejan Salamanca y _____.

(e)   Este año la Universidad de Salamanca ofrece por primera vez _____.

(f)   También se dan a partir de este año cursos especiales: _____.

Consolidación

You are applying for a job in a Spanish-speaking country and you are preparing for a preliminary interview. You will have to answer questions about your studies. These are the possible questions. How would you answer them?

(a)   ¿Dónde hizo Vd. el bachillerato?

(b)   ¿Cuándo lo empezó?

(c)   ¿Lo terminó? ¿Cuánto tiempo hace que lo terminó?

(d)   ¿Qué idiomas extranjeros habla Vd.?

(e)   ¿Los habla correctamente?

(f)   ¿Cuándo empezó a estudiar español?

(g)   ¿Ha hecho Vd. estudios universitarios?

(h)   ¿Dónde los hizo?

(i)   ¿Qué estudios hizo?

(j)   ¿Cuánto tiempo hace que los terminó?

bachillerato (m) *secondary-school course*	estudios universitarios (m pl) *university studies*
idioma extranjero (m) *foreign language*	

5

DE
VACACIONES

Objetivos

In this unit you will learn to:

- Describe places and people you knew in the past
- Express hope
- Express intentions
- Talk about the future
- Talk about the weather
- Express regret

Tema

The main theme of Unit 5 is holidays and travel. By the time you have finished this unit you will be able to talk about places you went to and about your travel plans. A reading passage from a Spanish magazine gives some information about where, and how often, Spanish people go on holiday.

Diálogos

1 Un viaje a Cuba

Pablo Dávila y Ana Ramírez hablan de sus últimas vacaciones.

Pablo	¿El año pasado también viniste aquí de vacaciones?
Ana	No, el año pasado fui a Cuba con unas amigas. Estuvimos en La Habana y en Varadero.
Pablo	¿Y qué tal?
Ana	Nos gustó muchísimo. Estuvimos tres días en La Habana y una semana en Varadero. Varadero es un lugar muy bonito y tiene unas playas estupendas. Y el hotel donde nos quedamos era excelente. Estaba a cinco minutos de la playa. Tenía piscina, discoteca . . .
Pablo	¿Fuisteis a través de alguna agencia de viajes?
Ana	Sí, porque de otra manera nos habría resultado demasiado caro. Mereció la pena, y la gente del grupo era muy maja, la mayoría era gente joven.
Pablo	La verdad es que a mí los viajes organizados no me gustan nada. Prefiero viajar por mi cuenta.

---

a través de *through*	**merecer la pena** *to be worth it*
agencia de viajes (f) *travel agency*	**majo(a)** *nice*
de otra manera *otherwise*	**por mi cuenta** *by myself,*
Nos habría resultado . . . *It would*	*independently*
have been . . .	

Notas explicativas

¿Y qué tal? Notice this colloquial phrase which has different translations in English, depending on the context. Here it means *And how was it?* or *How did it go?* with reference to the holiday Ana is talking about.

Ejercicio de comprensión 1

Answer the following questions in Spanish.

(a) ¿Dónde pasó sus vacaciones Ana el año pasado?

(b) ¿Cuánto tiempo estuvo allí?

(c) ¿Qué dice Ana del hotel?

(d) ¿Fue por su cuenta? ¿Por qué sí/no?

(e) ¿Cómo describe Ana a la gente con que viajó?

(f) ¿Qué dice Pablo de los viajes organizados?

2 Espero ir a México

Pablo y Ana hablan de sus planes para las próximas vacaciones.

Ana   ¿El año que viene vendrás aquí otra vez?

Pablo   No, el próximo verano espero ir a México. Un amigo mexicano que conocí en Salamanca me ha invitado a su casa. Pienso irme hacia finales de julio y me quedaré allí todo el mes de agosto. Él tomará sus vacaciones en la misma fecha y viajaremos juntos. Así podré conocer un poco del país.

Ana   ¡Estupendo! Te gustará mucho. Mi hermana estuvo en México hace un par de años y me contó maravillas de los sitios que visitó y de la gente.

Pablo   Bueno, ¿y tú que harás? ¿Volverás aquí otra vez?

Ana   No lo creo. Espero ir a algún lugar diferente. Hay unos viajes al oriente que me entusiasman mucho y que no son nada caros. Ya veremos. Aún falta mucho tiempo . . .

Espero ir. *I hope to go.*
Pienso irme. *I'm thinking of going.*
hacia finales de *towards the end of*
así podré conocer . . . *that way I'll be able to see . . .* (Lit. *to know*)

No lo creo. *I don't think so.*
. . . que me entusiasman mucho.
. . . *which I am very tempted by.*
ya veremos *we'll see*

✳ Notas explicativas

(a)

Me contó maravillas de . . .   *She spoke wonderfully about . . .*

The expression is **contar** or **decir** maravillas de . . ., *to speak wonderfully of . . . (people or things)*.

(b)

Aún falta mucho tiempo   *There is still a long time to go (to next summer).*

In this construction, the verb **faltar** is used in the third person singular or plural. Look at these other examples:

Falta mucho para mi cumpleaños.   *My birthday is a long way off.*

Faltan dos meses para la Navidad.   *There are two months to go to Christmas.*

México is also spelled with a **j** – **Méjico**.

Ejercicio de comprensión 2

Complete these phrases with information from the dialogue

(a) El próximo verano Pablo irá de vacaciones a _____

(b) Él ha sido invitado por _____

(c) Piensa viajar en (mes) _____

(d) Estará allí todo el mes de (mes) _____

(e) Viajará con _____

(f) A Ana le gustaría ir a (lugar) _____

📼 3 Hablando del tiempo

En la recepción del Hotel El Conquistador, dos turistas sudamericanos hablan del tiempo.

Señor   ¿Sigue lloviendo?

Señorita   Lamentablemente sí, no ha parado de llover en toda la noche. Está lloviendo a cántaros en este momento.

Señor   ¡Qué lástima! Y yo que pensaba salir de paseo. Tendré que quedarme en el hotel.

Señorita   ¡Es una pena! Pero probablemente mañana hará buen tiempo.

Señor   ¡Ojalá!

Está lloviendo a cántaros. *It is raining cats and dogs.*	¡Es una pena! *It is a pity!, It is a shame!*
¡Qué lástima! *What a pity!, What a shame!*	Hará buen tiempo. *The weather will be good.*
Y yo que pensaba . . . *And I was thinking of . . .*	¡Ojalá! *I hope so!* *mas fuerte que* "Espero que sí"
	lamentablemente *unfortunately*

Notas explicativas

(a)

    ¿Sigue lloviendo?   *Is it still raining?*

After **seguir** and **continuar** *(to follow, to continue)*, the verb must be in the gerund. Look at these other examples:

    Continúa nev**ando**.   *It is still snowing.*
    ¿**Sigues** trabaj**ando**?   *Are you still working?*

(b)

    No ha **parado de llover**.   *It hasn't stopped raining.*

Notice the use of infinitive after **parar de**, *to stop (doing something).*

Ejercicio de comprensión 3

How would you say the following in Spanish?

(a) *Is it still raining?*   (d) *What a pity!*
(b) *It hasn't stopped raining.*   (e) *It's a pity.*
(c) *It's raining cats and dogs.*   (f) *I hope so.*

— Frases y expresiones importantes —

Describing places and people you knew in the past

El hotel era excelente.   *The hotel was excellent.*
Tenía piscina.   *It had a swimming pool.*
La gente era muy maja.   *The people were very nice.*
La mayoría era gente joven. *The majority were young people.*

Expressing hope

Espero ir a México.   *I hope to go to Mexico.*
¡Ojalá!   *I hope so.*

Expressing intentions

Pienso irme hacia finales de julio.
I intend to go towards the end of July.

Yo pensaba salir de paseo.
I was thinking of going out.

Talking about the future

Me quedaré allí todo el mes de agosto.
I will stay there for all of August.

El tomará sus vacaciones en la misma fecha.
He will take his holidays on the same date.

Other ways of talking about the future

Voy a viajar a España. *I am going to travel to Spain.*
Vamos a quedarnos aquí. *We are going to stay here.*
Mañana salgo para Londres. *I am leaving for London tomorrow.*

Talking about the weather

Está lloviendo a cántaros.
It is raining cats and dogs.

Mañana hará buen tiempo.
The weather will be good tomorrow.

Other ways of talking about the weather

Hace frío/calor. *It is cold/warm.*
Hace buen/mal tiempo. *The weather is good/bad.*
Está despejado. *It is clear/cloudless.*
Llueve. *It rains, it is raining.*

Hace viento/sol. *It is windy/sunny.*
Hace bueno. *The weather is good*
Está nublado. *It is cloudy/overcast.*
Está nevando. *It is snowing.*
Nieva. *It snows, it is snowing.*

Expressing regret

Lamentablemente sí.
Unfortunately/regrettably yes!

¡Qué lástima!
What a pity!, What a shame!

¡Es una pena!
It is a pity!, It is a shame!

Other ways of expressing regret

Desafortunadamente . . ./
Desgraciadamente . . .
Unfortunately . . .

¡Qué desgracia! *What a shame!*

Notas gramaticales

1 Looking ahead

To refer to the future you can use:

(a) the future tense:

Me **quedaré** allí todo el mes.	*I'll stay there the whole month.*
¿**Vendrás** aquí otra vez?	*Will you come here again?*

(b) the construction **ir** with **a** and the *infinitive*:

Va a llover.	*It's going to rain.*
¿Qué **vas a hacer**?	*What are you going to do?*

(c) the present tense, particularly with verbs which indicate movement:

El **llega** mañana.	*He's arriving tomorrow.*
Esta tarde **voy** a Madrid.	*I'm going to Madrid this afternoon.*

2 The future tense

Formation

The future tense is formed with the whole infinitive, to which the endings are added. The same endings are used for the three conjugations: **-ar**, **-er** and **-ir** verbs. Here is an example:

tomar *(to take)*	
tom**aré**	*I will take*
tom**arás**	*you will take* (familiar)
tom**ará**	*he, she, you will take*
tom**aremos**	*we will take*
tom**aréis**	*you will take* (familiar)
tom**arán**	*they, you will take*

A few verbs, such as **venir** *(to come)*, are irregular in the future tense: **vendré, vendrás, vendrá, vendremos, vendréis, vendrán**. For other irregular verbs in the future see your grammar book and the **Table of irregular verbs** on page 205.

3 The imperfect tense for past description

To describe places or people you knew in the past, you normally use the imperfect tense, for example.

El hotel era excelente.	*The hotel was excellent.*
Estaba a cinco minutos de la playa.	*It was five minutes away from the beach.*
La gente era muy maja.	*The people were very nice.*

Formation

There are two sets of endings for the imperfect tense, one for **-ar** verbs and another one for **-er** and **-ir** verbs. Here are two examples:

estar *(to be)*	
est**aba**	*I was*
est**abas**	*you were* (familiar)
est**aba**	*he, she, it, you were*
est**ábamos**	*we were*
est**abais**	*you were* (familiar)
est**aban**	*they, you were*

tener *(to have)*	
ten**ía**	*I had*
ten**ías**	*you had* (familiar)
ten**ía**	*he, she, it, you had*
ten**íamos**	*we had*
ten**íais**	*you had* (familiar)
ten**ían**	*they, you had*

Ser *(to be)*, is irregular in the imperfect tense: **era, eras, era, éramos, erais, eran.** For other irregular verbs in the imperfect tense see your grammar book and the **Table of irregular verbs** on page 205.

4 Expressing hope

Notice the use of infinitive after **esperar** *(to hope)* when expressing hope not involving others or something outside ourselves.

Espero ir a México.	*I hope to go to Mexico.*
Esperamos volver pronto.	*We hope to come back soon.*

— Repaso —

Put the infinitives into the correct form of the future tense. Check
Table of irregular verbs on page 205 for irregular forms.

Querida Paloma:

Te escribo para contarte que el lunes que viene John y yo (**viajar**) a
España. (**Salir**) de aquí a las 2.00 de la tarde y (**llegar**) a Madrid a las
5.00. Aún no sabemos cuánto tiempo (**quedarse**), pero esperamos
estar allí por lo menos dos semanas. ¿(**Poder**) venir a vernos al hotel el
lunes por la noche? (**Estar**) en el Hotel Gran Vía. Tengo un regalo para
ti de Paul y te lo (**dar**) cuando nos veamos . . . A propósito, ¿qué
(**hacer**) tú en tus próximas vacaciones? Nos gustaría mucho que
vinieras a Inglaterra. . . .

— Actividades —

1 A Spanish friend asks you about your last holiday. Answer his
questions.

Él ¿Dónde pasaste tus últimas vacaciones?

Vd. *(Say you spent them in San Sebastián, in northern Spain.)*

Él ¿Y qué tal? ¿Te gustó?

Vd. *(Say you liked San Sebastián very much. It is a very nice town,
and the hotel where you stayed was excellent. It was opposite the
beach, it had a swimming pool and an excellent restaurant. And
you were very lucky with the weather. It wasn't too hot.)*

Él ¿Con quién fuiste?

Vd. *(Say you went with some friends. You got on very well together,
they were very nice people.)*

Él ¿Y cuánto tiempo estuvisteis allí?

Vd. *(Say you didn't stay long. Unfortunately, you all had to come back
to work.)*

Él Supongo que volverás allí otra vez el próximo verano.

Vd. *(Say you would love to go back, but next year you hope to visit South
America. You are thinking of travelling to Argentina and Chile. If
you have money you'll stay a couple of months there. You are
thinking of taking on another job to pay for your holiday. Ask your
friend if he went anywhere on holiday.)*

Él No, desgraciadamente no, no tenía dinero.

Vd. *(What a shame!)*

2 You are going on holiday to Mexico. The holiday, which starts in Madrid, will take you to Cancún and Mexico City (México D.F.). Read the programme sent to you by the travel agency. Your travelling companion wants to know the following:

(a)   Which airline are we flying with?

(b)   Is there a stopover on the way to Cancún?

(c)   How are we getting from Cancún airport to the hotel?

(d)   How are we travelling from Cancún to Mexico City?

(e)   How long are we staying in Mexico City?

(f)   Are we flying back to Madrid from Mexico City?

CANCUN/MEXICO D.F.

DIA 1.°: MADRID-CANCUN
Presentación en salidas internacionales del aeropuerto de Barajas en el móstrador de Club Vacaciones, dos horas antes de la salida del vuelo. Viajarás en Boeing 767 de la compañía Spanair en vuelo sin escala a Cancún.
A la llegada te espera personal de nuestra organización que te trasladará en bus privado al hotel. Alojamiento.

DIAS 2.° AL 6.°: CANCUN
Estancia en los hoteles en el régimen de pensión elegido, atendidos por nuestro personal que te informará además de las excursiones facultativas que puedes hacer durante tu permanencia.

DIA 7.°: CANCUN/MEXICO D.F.
Recogida en el hotel y traslado al aeropuerto para salir en avión a México D.F. Llegada y traslado en bus privado al hotel. Alojamiento.

DIAS 8.° AL 13.°: MEXICO D.F.
Estancia en los hoteles en régimen de Alojamiento. Posibilidad de excursiones facultativas.

DIA 14.°: MEXICO D.F./CANCUN
Recogida en el hotel y traslado al aeropuerto para salir hacia Cancún. Traslado al hotel y alojamiento.

DIA 15.°: CANCUN/MADRID
Recogida en el hotel y traslado al aeropuerto a la hora que te indique nuestro personal, para embarcarte en un Boeing 767 de la compañía Spanair hacia Madrid donde finaliza nuestro servicio.

---

mostrador (m) *counter*	facultativo *optional*
escala (f) *stopover*	recogida (f) *from* recoger *(to pick*
trasladar *to take*	*up)*
estancia (f) *stay*	traslado (m) *transfer*
pensión (f) *board*	

3 You are commenting on your next holiday in Mexico with a Spanish-speaking friend. Answer your friend's questions.

(a) ¿A qué parte de México irás?

(b) ¿Qué lugar visitarás primero?

(c) ¿Cuántos días te quedarás en total?

(d) ¿Te quedarás en casa de amigos?

4 The holiday brochure includes the following information about Mexico City. Translate it into English for your travelling companion.

México D.F.

La capital de México, rodeada de montañas, está situada en un valle de 2.240 m. de altitud. Goza de una intensa vida cultural y artística, es el centro intelectual de toda Hispanoamérica. Aquí se encuentran lugares históricos como el Zócalo, el Palacio Nacional, la Catedral Metropolitana, la capital azteca de Tenochtitlán o el mundialmente famoso Museo Nacional de Antropología.

Esta ciudad de 17 millones de habitantes es una mezcla del pasado y del presente. Una ciudad moderna, con amplias avenidas y plazas animadas, barrios elegantes, mercados populares, edificios futuristas, residencias coloniales e iglesias barrocas.

Como es habitual Club Vacaciones te ofrece hoteles de excelente calidad/precio.

Por la noche puedes salir a cenar a restaurantes típicos y saborear la cocina local mientras disfrutas de la música de los mariachis. Después puedes dar un paseo por la plaza Garibaldi y tomarte un tequila y escuchar a las bandas de música que rivalizan entre sí.

rodeada *surrounded*	amplio(a) *wide*
gozar *to enjoy*	barrio (m) *district*
mariachi *popular music*	saborear *to taste*
characteristic of the state of Jalisco	disfrutar *to enjoy*
in Mexico and the band that plays it	mundialmente *world* (adjective)
tequila *a Mexican alcoholic drink*	mezcla (f) *mixture*

5 During a flight to Madrid you are given a Spanish newspaper which has a weather chart for the whole of Spain and the forecast for the following day. What will the weather be like in Madrid? Study the information overleaf and then answer the questions on page 75:

EN ESPAÑA: Nieblas persistentes en las costas

La Coruña — Sol y nubes 24°
Bilbao — Niebla 24°
Zaragoza — Despejado 30°
Barcelona — Soleado 27°
Palma
Madrid — Sol y calimas 33°
Valencia — Sol y niebla 24°
Badajoz
Sevilla — Soleado 37°
Almería — Casi Despejado 34°
Santa Cruz de Tenerife
Las Palmas

EL TIEMPO EN MADRID

MAÑANA:

Área urbana: (Máxima: 33 / Mínima: 18). Cielo despejado. Calimas. Neblinas a primeras horas y calimas posteriormente. Sin cambios térmicos.

Área de la Sierra: Despejado por la mañana con nieblas a primeras horas. Algo nuboso por la tarde con nubes altas. Ventolinas del suroeste.

CONTAMINACIÓN:

Los índices de contaminación se mantienen relativamente bajos. La contaminación, por tanto, estacionaria.

El sol saldrá hoy domingo a las 7 horas y 48 minutos y se pondrá a las 20 horas y 36 minutos.

La luna saldrá a las 7 horas y 46 minutos y se pondrá a las 20 horas y 20 minutos.

Fase de la lunà: Estamos en luna nueva.

(Diario El Mundo, Madrid, Spain)

calima (f) *haze*	ventolina (f) *light and variable wind*
neblina (f) *mist*	Se pondrá . . . *It will set* . . .
nuboso *cloudy*	luna (f) *moon*
nube (f) *cloud*	

(a) Will it be overcast in Madrid tomorrow?

(b) What will the weather be like early in the morning? And later on in the day?

(c) If you wanted to drive up to the Sierra, what will the weather be like there early in the morning? And in the afternoon?

(d) With all the traffic that there is in Madrid, the air becomes very polluted at times. What will the situation be like tomorrow?

(e) If you spend the day at the Sierra tomorrow, you want to return to the city before sunset, as you don't like driving at night. What time will the sun set?

6 ¡A escuchar!

El pronóstico del tiempo: Now that you are familiar with some of the terminology used in Spanish weather forecasts, you will have a chance to hear a recording about the weather in Santiago de Chile. If you do not have the cassette, you can use the transcript on page 198 for reading comprehension. First, familiarise yourself with some words and phrases which did not appear in the previous exercise. Then, as you listen to the recording or read the text, answer in Spanish the questions which follow.

llovizna (f) *drizzle*	nubosidad (f) *cloudiness*
grado (m) *degree*	humedad (f) *humidity*

(a) ¿Cómo estará el tiempo hoy en Santiago, según la Dirección Meteorológica de Chile?

(b) ¿Cuál será la temperatura mínima probable? ¿Y la máxima?

(c) ¿Cuáles fueron las temperaturas mínima y máxima ayer en la capital? ¿A qué hora fueron?

(d) ¿Cuáles son las perspectivas para el viernes 21 de febrero?

(e) ¿Cuál es la temperatura del momento?

7 The following passage, from an article published by the Spanish magazine *Cambio 16*, looks at the results of a survey carried out among Spanish people to find out how often they go on holiday and where they tend to go. As you read it make a note in English of the main points.

LOS ESPAÑOLES VERANEAN POCO, BARATO Y CERCA

La encuesta realizada por el Gabinete de Investigación turística y el Instituto DYM revela que los hábitos vacacionales de los españoles están marcados por el espíritu ahorrador: los españoles somos poco viajeros.

Los primeros datos de la encuesta dejan bien claro que la propensión viajera del español está directamente relacionada con dos aspectos: su situación generacional y su posición económica. Cuanto más jóvenes y cuanto más adinerados, obviamente más viajeros. De igual modo, los habitantes de los grandes núcleos urbanos viajan más que los provenientes del medio rural; y los que residen en la zona centro o norte, más que los que viven al sur. Toda una lección de economía. El ocio y su empleo son cuestión de dinero.

Hasta tal punto afecta el *status* social al veraneo que las diferencias son de uno a tres. El 69 por ciento de las personas de nivel económico alto veranean, frente al 29 por ciento que lo hacen entre quienes tienen lo que asépticamente se califica de nivel económico bajo. En todo caso, los españoles veranean en general poco.

Tan sólo un 47 por ciento lo hizo el año pasado. Esas vacaciones se concentran además en el verano, dando por resultado un sólo viaje de vacaciones al año en el 62 por ciento de quienes veranean. Sólo el 19 por ciento realiza más de un viaje, cifra que asciende al 6 por ciento y al 7 por ciento para aquellos que realizan tres o más viajes.

La curiosidad del turista español por el mundo, se limita al 10 por ciento que viaja al extranjero en sus vacaciones. El 90 por ciento restante escoge el suelo patrio para descansar y, por mucho que las playas y el sol hispanos sean motivos de seducción planetaria, los españoles prefieren el interior peninsular para pasar su veraneo: el 49 por ciento se fue tierra adentro el año pasado, frente al 37 por ciento que escogió el litoral y el 4 por ciento que se desplazó a las islas Canarias o Baleares.

(Cambio 16, Nº 862)

---

veranear *to go on summer holidays*	adinerado *rich, well-off*
veraneo (m) *summer holidays*	restante *remaining* (adjective)
encuesta (f) *survey*	suelo patrio (m) *native soil*
ahorrador *saving* (adjective)	tierra adentro *inland*
Cuanto más . . . Más *the more . . . the more*	litoral (m) *coast*

(a)   Choose the correct answer.

In Spain, travelling seems to be more popular among:
   (i)   middle-aged people
   (ii)   old people
   (iii) young people

People who live in large cities travel:
   (i)   more than people in rural areas
   (ii)   the same as people in rural areas
   (iii) less than people in rural areas

Most people travel:
   (i)   once a year
   (ii)   twice a year
   (iii) more than twice a year

The majority of Spaniards spend their holidays:
   (i)   abroad
   (ii)   on the Spanish coast
   (iii) in inland Spain

(b)   What phrases are used in the text to express the following?
   (i)   La tendencia en lo que respecta a viajar.
   (ii)   La edad.
   (iii) De la misma manera.
   (iv)   Las grandes ciudades.
   (v)   El campo.
   (vi)   Atracción mundial.

Consolidación

You are going to meet a Spanish-speaking friend who is anxious to hear about your recent holiday. Prepare first a written version of what you are going to say to your friend. He'll probably also want to know about your plans for the next holiday, so be prepared! Use these questions as a guideline:

¿Dónde fuiste?	¿Con quién fuiste?
¿En qué viajaste?	¿Dónde te quedaste?
¿Cuánto tiempo estuviste allí?	¿Cómo lo pasaste?
¿Qué hiciste durante las vacaciones?	¿Cuándo volviste?
	¿Qué planes tienes para tus próximas vacaciones?

6

UN LUGAR
DONDE VIVIR

Objetivos

In this unit you will learn to:

- Ask for information about accommodation
- Book into a hotel
- State requirements regarding accommodation
- Describe a place in terms of location, size, facilities
- Ask and say what something costs

Tema

Finding a place to stay or live is the main theme of this unit. You will have practice in writing letters and using the phone to book a room or rent a flat, and you will learn to describe the place where you live. A reading passage from a Spanish magazine considers the reasons why young Spanish people tend to live with their parents even at the age of 30.

Diálogos

1 Reservando una habitación

Martin Baron, su mujer Susan y sus dos hijos están de vacaciones en España. Desde Madrid, Martin llama por teléfono al Hotel San Marcos de Marbella para reservar una habitación.

HOTEL SAN MARCOS

COMODIDAD, ELEGANCIA Y DISTINCION EN PLENO CENTRO DE MARBELLA Y A SOLO CINCUENTA METROS DE LA PLAYA

* Habitaciones individuales y dobles (*)   (*) Descuentos especiales para niños
* Media pensión o pensión completa
* Aire acondicionado
* TV color vía satélite
* Frigorífico
* Tres grandes piscinas
* Discoteca
* Tiendas para uso exclusivo de nuestros clientes

PARA INFORMACION Y RESERVAS LLAME AL TELEFONO 83 41 02 DE MARBELLA O CONSULTE A SU AGENCIA DE VIAJES

Recepcionista	Hotel San Marcos, ¿dígame?
Martin	Buenos días. ¿Podría decirme si tiene habitaciones disponibles para la última semana de agosto?
Recepcionista	Sí, señor, sí tenemos. ¿Qué tipo de habitación desea Vd.? ¿Individual o doble?
Martin	Perdone, pero no se oye bien. ¿Podría repetir?
Recepcionista	Le pregunto si quiere una habitación individual o doble.
Martin	Bueno, somos dos adultos y dos niños pequeños. Necesitamos una habitación con una cama de matrimonio y dos camas individuales para los chicos.
Recepcionista	Perfectamente.
Martin	Tengo entendido que hay un descuento especial para los niños. ¿No es así?
Recepcionista	Sí, efectivamente, hacemos un descuento del 25 por ciento por cada niño. En total, incluido el descuento, la habitación le saldría a dieciocho mil pesetas.
Martin	¿El desayuno está incluido en el precio de la habitación?

Recepcionista	No, señor, el desayuno se paga aparte. El desayuno continental vale 540 pesetas. También tenemos un servicio de restaurante en caso de que Vd. prefiera tomar media pensión o pensión completa.
Martin	No, sólo tomaremos la habitación con desayuno.
Recepcionista	Muy bien, ¿y para qué fecha la quiere Vd.?
Martin	A partir del veinticuatro de agosto.
Recepcionista	¿Y para cuántas noches?
Martin	Siete noches en total. Hasta el 30 de agosto inclusive.
Recepcionista	Del veinticuatro . . . al . . . treinta de agosto . . . Me dice su nombre, por favor.
Martin	Martin Baron.
Recepcionista	Perdone, ¿cómo ha dicho?
Martin	Martin Baron.
Recepcionista	¿Cómo se escribe, por favor?
Martin	B-a-r-o-n, Baron.
Recepcionista	Muy bien señor Baron.
Martin	Ah, ¿oiga?
Recepcionista	Sí, ¿dígame?
Martin	¿Tienen Vds. aparcamiento en el hotel? Vamos a viajar en coche.
Recepcionista	Sí, señor, tenemos un aparcamiento para uso exclusivo de los clientes.
Martin	¡Estupendo! Adiós, muchas gracias.
Recepcionista	De nada, adiós.

---

disponible *available*
cama de matrimonio/individual (f) *double/single bed*
Tengo entendido que . . . *I understand that . . .*

descuento (m) *discount*
media pensión (f) *half board*
pensión completa (f) *full board*
A partir de . . . *Starting on . . .*
aparcamiento (m) *car park*

✳ Notas explicativas

(a)

Le **saldría** a 18.000 pesetas.   *It would cost you 18.000 pesetas.*

Notice this special use of the verb **salir**, here to come to, to cost. Here are other examples:

Me **salió** muy caro.   *It cost me a lot of money.*
¿Cuánto **sale**?   *How much does it come to?*
La cena **salió** a 5.000 pesetas.   *Dinner came to 5.000 pesetas.*

(b) Observe the use of **se** in:

No **se** oye bien. *I can't hear well* (Lit. *one can't hear well*).

Se paga aparte. *It is paid separately.*

¿Cómo **se** escribe? *How do you spell it?*

For the use of **se** see **Notas gramaticales** on page 85.

Ejercicio de comprensión 1

Answer the following questions in English.

(a) What sort of room does Martin Baron need?

(b) When does he want it for and for how long?

(c) How much is the room?

(d) Is the discount for the children included in the price quoted by the receptionist?

2 Buscando un apartamento

Elizabeth Reed trabaja para una empresa multinacional en Barcelona. Elizabeth necesita alquilar un apartamento y llama por teléfono a una inmobiliaria.

Empleado Sí, ¿dígame?

Elizabeth Buenas tardes. He visto en La Vanguardia un anuncio de un apartamento que se alquila en la calle Pelayo. ¿Podría decirme si está disponible todavía?

Empleado Sí, ¿quiere esperar un momento, por favor? Ahora le pongo con la persona encargada.

Empleada Sí, ¿diga?

Elizabeth Buenas tardes, llamo por el anuncio del apartamento que se alquila en la calle Pelayo. ¿Estará disponible todavía?

Empleada Sí, un momento, por favor . . . pues, tal como pone el anuncio, es un apartamento muy pequeño, de veinticinco metros cuadrados, tiene un aseo con ducha y cocina americana. Y está amueblado. Está muy bien de precio, sesenta y cinco mil pesetas solamente.

Elizabeth Es justamente lo que busco. Necesito algo que no sea demasiado caro y que esté cerca de mi oficina. Yo trabajo en el centro. ¿En qué piso está?

Empleada Está en el cuarto piso, pero tiene ascensor. Es un apartamento muy bonito, es exterior y está en perfecto estado.
Lo acaban de pintar. Tiene agua caliente, teléfono . . .

Elizabeth ¿Sería posible verlo esta misma tarde?

Empleada Sí, no creo que haya problema. Por qué no pasa Vd. por
aquí entre las tres y las cuatro y la acompañaré yo misma.
¿Tiene Vd. nuestra dirección?

Elizabeth Sí, sí la tengo, gracias.

---

alquilar *to rent*
inmobiliaria (f) *accommodation
  agency, estate agent*
anuncio (m) *advertisement*
Le pongo con. *I'll put you through.*
encargado(a) *person in charge*
Tal como pone el anuncio. *Just as the
  advertisement says.*
aseo (m) *small bathroom*
ducha *shower*

cocina americana (f) *open plan
  kitchen*
amueblado *furnished*
exterior *facing the street*
estado (m) *condition*
Lo acaban de pintar. *They have just
  painted it.*
pasar por *to come round*
acompañar *to accompany*

✳ Notas explicativas

(a) Observe the use of **estar** in:

Está disponible.   *It is available.*
Está amueblado.   *It is furnished.*
Está muy bien de precio. *It is very well priced.*

Then consider the use of **ser** in:

Es un apartamento muy   *It is a very small apartment.*
  pequeño.
Es muy bonito.   *It is very nice.*

For a revision of the use of **ser** and **estar** see **Notas gramaticales**.

(b) Notice the use of the *present subjunctive* in:

Necesito algo que no **sea**   *I need something which is not too
  demasiado caro y que   expensive and which is near my
  esté cerca de mi oficina.   office.*
No creo que **haya**   *I don't think there will be any
  problema.   problem.*

For the present subjunctive see **Notas gramaticales**.

Ejercicio de comprensión 2

¿Verdadero o falso?

(a)   El apartamento de la calle Pelayo está alquilado.

(b)   El apartamento tiene un gran baño.

(c)   Tiene una cocina con muebles americanos.

(d)   El apartamento da a la calle.

(e)   Está en el centro de Barcelona.

— Frases y expresiones importantes —

Asking for information about accommodation

¿Podría decirme si tiene habitaciones disponibles . . .?	*Could you tell me if you have rooms available . . .?*
¿Podría decirme si está disponible todavía?	*Could you tell me if it is still available?*
¿Estará disponible todavía?	*Is it still available?*

Booking into a hotel

Tomaremos la habitación con desayuno.	*We'll take the room with breakfast.*
¿Para qué fecha?	*For what date?*
A partir del 24 de agosto.	*Starting on 24th August.*

Stating requirements for accommodation

Necesitamos una habitación con una cama de matrimonio.	*We need a room with a double bed.*
Necesito algo que no sea demasiado caro.	*I need something which is not too expensive.*

Describing a place in terms of location, size, facilities

Está en el cuarto piso.	*It is on the fourth floor.*
Es un apartamento muy pequeño.	*It is a very small apartment.*
Tenemos un aparcamiento.	*We have a car park.*

Asking and saying how much something costs

Vale 540 pesetas.   *It costs 540 pesetas.*
Le saldría a 18.000 pesetas.   *It would come to/cost 18.000 pesetas.*

Other ways of asking and saying what something costs

¿Cuánto cuesta/vale? *How much does it cost?*

¿Qué precio tiene?, ¿Cuál es el precio? *What is the price?*

Cuesta/vale 100 libras. *It costs 100 pounds.*

¿Cuánto sale? *How much does it come to?*

 Notas gramaticales

1 Ser *and* estar

Observe the use of **ser** in these sentences from the dialogues:

To denote characteristics:

> **Es** un apartamento pequeño.   *It is a small apartment.*

With impersonal expressions such as **es posible**, **es mejor**, **es difícil**:

> ¿**Sería** posible verlo?   *Would it be possible to see it?*

With figures:

> **Somos** dos adultos.   *We are two adults.*

Consider now the use of **estar** in these sentences:

To indicate position;

> **Está** en el cuarto piso.   *It is on the fourth floor.*

To denote a temporary state or condition;

> **Está** en perfecto estado.   *It is in perfect condition.*

Before a past participle to denote a condition resulting from an action;

> **Está** amueblado.   *It is furnished.*

2 Se

Notice how **se** has been used in the dialogues:

In a passive sentence;

El desayuno **se** paga aparte.   *Breakfast is paid separately.*

In passive sentences with **se**, the verb agrees in number (singular or plural) with the subject. Compare the previous sentence with this one:

Las bebidas **se pagan**   *The drinks are paid separately.*
    aparte.

In an impersonal sentence;

No **se** oye bien.   *One can't hear well.*

3 Para *and* por

Observe the use of **para** in these phrases from the dialogues:

To denote length of time;

¿**Para** cuántas noches?   *For how many times?*

With time phrases;

¿**Para** qué fecha?   *For what date?*

To indicate destination;

Dos camas **para** los chicos.   *Two beds for the children.*

Notice how **por** has been used in these phrases:

With the meaning of **per**;

Un descuento del 25% **por**   *A 25% discount per child.*
    cada niño.

With the meaning of *about*;

Llamo **por** el anuncio.   *I am calling about the
    advertisement.*

To indicate movement;

¿Por qué no pasa Vd. **por**   *Why don't you come round?*
    aquí?

4 *Present subjunctive*

Consider the use of the present subjunctive in these sentences from the dialogues:

To state requirements or needs with regard to something which does not yet exist;

> Necesito algo que no **sea**   *I need something which is not too*
>   demasiado caro y que   *expensive and which is near my*
>   **esté** cerca de mi oficina.   *office.*

To denote doubt;

> No creo que **haya**   *I don't think there will be any*
>   problema.   *problem.*

Formation

The present subjunctive is formed from the first person singular of the present indicative, e.g. **tomo** *(I take)*, **bebo** (I drink), **escribo** (I write). Drop the **-o** and add the corresponding endings: one set of endings for **-ar** verbs and another one for those ending in **-er** and **-ir**. Examples:

tomar	beber	escribir
tome	beba	escriba
tomes	bebas	escribas
tome	beba	escriba
tomemos	bebamos	escribamos
toméis	bebáis	escribáis
tomen	beban	escriban

Nota: Verbs which are irregular or stem-changing in the first person singular of the present tense are also irregular or stem-changing in the present subjunctive. For example:

Infinitive	Present indicative	Present subjunctive
tener	tengo	tenga
salir	salgo	salga
conocer	conozco	conozca

See the **Table of irregular verbs** for other irregular forms. More information on the use of this tense is on pages 82, 86, 115 and 156–57.

Repaso

1 ¿Ser o estar?

Select the correct verb and its form.

El Hotel Doña Barbara (**es/está**) situado en pleno centro de Caracas y (**es/está**) uno de los mejores de la ciudad. El Hotel Doña Barbara (**es/está**) dotado de todo lo necesario para el turista exigente. El servicio de restaurante y de bar (**es/está**) de excelente calidad y a pesar de su elegancia, sus precios (**son/están**) relativamente módicos para el turista europeo. En el Hotel Doña Barbara le (**será/estará**) posible disfrutar de un verdadero descanso y si Vd. (**es/está**) acompañado de sus hijos, la dirección del hotel le ofrecerá generosos descuentos para ellos.

2 ¿Por o pora?

Choose **por** or **para** from the brackets.

A Buenos días. Llamo (**por/para**) reservar una habitación (**por/para**) este fin de semana.

B ¿Es (**por/para**) una persona solamente?

A No, quiero una habitación doble.

B ¿(**Por/para**) cuántas noches la quiere?

A (**Por/para**) tres noches solamente, de viernes a domingo. Llegaremos allí el viernes (**por/para**) la tarde. ¿Tienen Vds. aparcamiento (**por/para**) los clientes?

B No, nosotros no tenemos. Pero enfrente del hotel hay un aparcamiento. Me parece que vale 1.000 pesetas (**por/para**) día . . .

A ¿Y cuánto cobran Vds. (**por/para**) la habitación doble con media pensión?

B Diez mil pesetas (**por/para**) persona . . .

3 Choose the correct tense, present indicative or present subjunctive.

(a) Quiero una habitación que (**es/sea**) tranquila.

(b) Necesito un piso que (**está/esté**) cerca de aquí.

(c) Creo que no (**es/sea**) caro.

(d) Prefiero un hotel que (**tiene/tenga**) piscina.

(e) No creo que ella (**va/vaya**) a España.

(f) Busco a una señora que se (**llama/llame**) Carmen Paz.

Actividades

1 Carol Wilson wrote to the Hotel Don Quijote in Gandía to book a room.
   Read her letter and then use it as a model to make your own hotel
   booking using some of the words and phrases below.

> Muy señores míos:
>
> El objeto de la presente es solicitar a Vds. la reserva de
> una habitación doble, con dos camas y con baño, a partir
> del sábado 28 de agosto próximo y hasta el 13 de sep-
> tiembre inclusive.
>
> Les ruego que me confirmen la reserva a la brevedad
> posible.
>
> Les saluda muy atentamente.
>
> Carol Wilson

les ruego que me confirmen *please confirm*	a la brevedad posible *as soon as possible*

Palabras y frases útiles

una habitación doble/individual *a double/single room*
con cama de matrimonio/cama doble/camas individuales *with a double bed/single beds*

con/sin (cuarto) de baño *with/without bathroom*
una habitación exterior/con vista al mar/con terraza *a room with a view/with a seaview/with balcony*

2 You and some friends would
   like to spend a month in
   Fuengirola. In a local newspaper (*Diario Sur*) you see this
   advertisement and you decide
   to phone to ask for more information.

> **FUENGIROLA** Alquilo, por me-
> ses o larga temporada, o vendo
> apartamento paseo marítimo
> (Torreblanca), 2 dormitorios,
> baño, gran salón-comedor. Te-
> léfono (952) 473078

Señora	¿Dígame?
Vd.	*(Say you are ringing about the ad in Diario Sur.)*
Señora	Ah, por el apartamento.
Vd.	*(That's it. Say you are looking for something to rent. Ask her to give you more information about the apartment.)*
Señora	Pues, es un apartamento nuevo, con vista al mar y muy tranquilo. Tiene dos habitaciones, además del salón-comedor, la cocina y el baño.
Vd.	*(Say you need something which is available immediately.)*
Señora	El apartamento está disponible ahora mismo.
Vd.	*(Well, you are also looking for something which is not too expensive. Ask how much the monthly rent is.)*
Señora	Bueno, es un precio muy razonable. Ciento ochenta mil pesetas por mes.
Vd.	*(Thank her and say that is too much for you.)*

3 Tony, a student from London, received the following letter from his Spanish correspondent in Barcelona. Read the letter and then answer the questions.

> Querido Tony:
>
> En mi carta anterior te escribí sobre mi familia. Hoy te contaré algo sobre el lugar donde vivimos, que es muy especial.
>
> Como te decía, vivo con mis padres y mis dos hermanos menores. Tenemos un piso muy grande y muy antiguo en el Paseo de Gracia, una de las calles principales de Barcelona, en pleno centro de la ciudad. Aquí vivió mi padre cuando era niño y aquí he vivido siempre.
>
> El piso está en un edificio muy bonito, de principios de siglo, que está muy bien conservado. Tiene un gran salón, un comedor también muy grande, y cinco habitaciones más. Una de ellas la usa mi padre como despacho. Mis dos hermanos comparten uno de los dormitorios. Yo tengo mi propia habitación. Y para cuando tú vengas a Barcelona, tenemos una habitación para las visitas también.

El salón da a la calle, una calle muy ruidosa, pero con una arquitectura muy interesante. Mi habitación, afortunadamente, es interior, de manera que no me despierta el ruido del tráfico por la mañana. Los fines de semana suelo dormir hasta muy tarde.

En el barrio tenemos todo lo que necesitamos: supermercados, tiendas de ropa, grandes almacenes — el Corte Inglés está muy cerca de aquí —, buenos restaurantes, cafés, etc. En la esquina hay una estación de metro, la de Paseo de Gracia, donde cojo el metro para ir al instituto. Allí también cogemos el tren cuando vamos a Sitges el fin de semana. Te llevaré allí cuando vengas a verme. Estoy seguro que te gustará. ¡Tiene mucha marcha!

Me preguntas si seguiré viviendo con mi familia cuando vaya a la Universidad. Por cierto que me gustaría mucho vivir independientemente, pero no creo que pueda hacerlo ya que aquí alquilar un piso cuesta una fortuna. No es como en Inglaterra. Aquí no tenemos más alternativa que seguir viviendo con la familia. Cuando trabaje, quizá sí, entonces tendré dinero suficiente para alquilar mi propio piso o compartir con algún amigo, pero de momento no. Tampoco me puedo quejar, puesto que en casa estoy muy bien.

¿Y tú qué tal? Me dices que el próximo año te irás a vivir fuera de Londres y que tendrás que encontrar un lugar donde vivir. Espero que tengas suerte. Algún día iré a visitarte. Mientras tanto, escríbeme y cuéntame de ti.

Un abrazo

Paco

en pleno centro *right in the centre*	grandes almacenes (m pl)
edificio (m) *building*	*department store*
principios de siglo *beginning of the*	Tiene mucha marcha. *There's a lot*
century	*going on there.*
bien conservado *well preserved*	por cierto *of course, naturally*
despacho (m) *study*	quejarse *to complain*
compartir *to share*	puesto que *as*
ruidoso(a) *noisy*	

Answer the following questions in Spanish.

(a) ¿Con quién vive Paco?

(b) ¿Cómo es el piso donde vive?

(c) ¿Cómo es el edificio?

(d) ¿Cuántas habitaciones tiene?

(e) ¿Comparte habitación Paco?

(f) ¿Cómo es la calle donde vive?

(g) ¿Dónde está la estación de metro más cercana?

(h) ¿Por qué seguirá viviendo con su familia Paco cuando vaya a la universidad?

4 ¡A escuchar!

(a) **Un nuevo piso:** Pablo Medina, a student, is going to share a flat with two friends. In a conversation with his friend Soledad, Pablo describes the place where he is going to live. Listen to the dialogue if you have the cassette, or alternatively read the text which is on pages 198–99, and then answer the questions below. First familiarise yourself with some of the key words.

búsqueda (f) *search*	mudado *moved (house)*
río (m) *river*	

Answer in English

(i)   Where is the flat?
(ii)   How does Soledad know the area?
(iii) What does Pablo say about the flat?
(iv)   How much is each going to pay?
(v)   Have they moved already?

(b) **Hotel O'Higgins:** The Hotel O'Higgins in Viña del Mar, Chile, is announcing a special offer. Listen to this radio commercial, if you have the cassette, or read the transcript on page 199, and then answer the questions which follow. Here are some key words.

impuesto (m) *tax*	merecido *deserved*

¿Verdadero o falso?

(i)   The special offer is valid for children younger than 12.
(ii)   Children can stay with two adults at half the price.
(iii)   This offer is only valid for three nights.
(iv)   Breakfast and tax are included in the price.

5 The high cost of accommodation as well as a change in attitudes in Spain has meant that many young people continue living with their parents even at the age of 30. The following passage from an article in the Spanish magazine *Tiempo* considers this situation. As you read it, answer the following questions in English.

(a)   What does the text say about young people in the United States?

(b)   Why does Alfonso de Hohenlohe not object to living with his parents?

(c)   How does Alfonso Ibáñez feel about living with his parents?

(d)   What change in attitudes does the sociologist Amando de Miguel point to?

(e)   What external factor has forced young people to continue living with their parents?

VIVIR CON MAMÁ A LOS 30, UNA MODA IMPUESTA POR LAS CIRCUNSTANCIAS.

En España es muy normal que los jóvenes de 25 a 30 años e incluso de más edad vivan aún con los padres, hecho insólito para otras culturas como la europea o americana. Allí los jóvenes no suelen quedarse con sus padres más allá de los 20 años. Esta permanencia prolongada, en opinión de algunos sociólogos y psicólogos, puede provocar sentimientos de inferioridad. Los padres tampoco se sienten muy felices.

En Estados Unidos, cuando el chico cumple los 18 años e inicia sus estudios universitarios se marcha de casa. Normalmente suele matricularse en una Universidad que queda lejos de su ciudad e incluso fuera de su Estado. Las chicas y muchachos americanos emigran de sus casas a una edad temprana, en la mayoría de los casos para siempre, pues si acaso regresan a su ciudad para trabajar, vivirán solos en un apartamento, o en el peor de los casos compartiéndolo con algún amigo.

En España esa mentalidad independentista se inició años atrás, pero se ha truncado. Alfonso de Hohenlohe, 30 años, aristócrata y conspicuo representante de la *jet* española, piensa que vivir con los padres resulta más cómodo. Él aún comparte techo con su madre y afirma, *'mi relación con ella es perfecta, tiene una mentalidad jovencísima y es fácil convivir con ella, si no, no dudaría en vivir solo. Desde luego es más cómodo vivir en familia porque no te tienes que ocupar de nada, ahorras y tienes independencia, como es mi caso. La casa además es amplia y confortable'.*

Para el español Alfonso Ibáñez, administrativo, 33 años viviendo con sus padres, esa es otra historia. Él sigue todavía viviendo en la casa que le vio nacer y eso le supone una carga difícil de llevar. *'La situación – dice – es a menudo exasperante, notas una asfixia que impide desarrollar tu personalidad. No se trata, por supuesto, de que a mis 33 años me limiten la libertad, sino que uno necesita más que un cuarto de tres por dos en donde tener su propia intimidad.'*

Falta de espacio. – Este sentimiento de Alfonso es compartido por muchos de los que viven con los padres pasados los 20. La falta de independencia y la ausencia de un espacio propio donde tener relaciones íntimas son las mayores y más dolorosas inconveniencias que apuntan todos aquellos que padecen esta situación . . .

Y es que en España las cosas son diferentes. Para asombro de extraños, es muy normal encontrar en este país hombres y mujeres que, superada ampliamente ya la etapa de juventud, aún comparten vivienda con sus progenitores. *'Ahora* (señala el sociólogo Amando de Miguel) *se ha invertido la tendencia que se daba en los años sesenta y principios de los setenta cuando los jóvenes buscaban su independencia y marchaban a vivir solos o en grupos de amigos en viviendas de alquiler. La vocación emancipadora se ha roto y se ha reinstaurado la costumbre de no salir de la casa paterna hasta el casamiento.'*

Dulce confort. – Hay que referirse a la cuestión económica como principal responsable de esta situación. Entre los 16 y 29 años el paro alcanza la inquietante cifra de 40 por ciento. Sin un salario que recibir mensualmente es imposible pensar en independizarse, al menos aquí en España . . .

(Revista Tiempo Nº 316, España)

insólito *unusual*	padecer *to suffer*
temprano(a) *early*	asombro (m) *surprise*
si acaso *if*	etapa (f) *stage*
truncarse *to cut short*	progenitores (m pl) *parents*
ahorrar *to save*	romperse *to break*
carga (f) *burden*	alcanzar *to reach*
cuarto (m) *room*	inquietante *disturbing*
doloroso(a) *painful*	

Consolidación

Answer these questions about yourself and then use the answers to write a letter of about 100–150 words describing the place where you live. Use as a guideline the letter written by Paco in Exercise 3 of **Actividades**.

(a) ¿Con quién vives?

(b) ¿Vives en una casa o en un piso?

(c) ¿Es propio(a) o alquilado(a)?

(d) ¿Cómo es la casa/el piso?

(e) ¿Cuántas habitaciones tiene? ¿Cuáles son?

(f) ¿Te gusta la casa/el piso? ¿Por qué sí/no?

(g) ¿Cómo es la calle donde está situado(a)?

(h) ¿Cómo es el barrio?

(i) ¿Hay alguna estación de metro/estación de ferrocarril/parada de autobús cerca de la casa/del piso?

(j) ¿Qué tal son los vecinos?

(k) ¿Piensas continuar viviendo allí? ¿Por qué sí/no?

7

¿POR DÓNDE
SE VA?

Objetivos

In this unit you will learn to:

- Ask how to get to a place
- Give directions
- Ask and give information about transport, including arrival and
  departure times

Tema

Unit 7 focuses on asking and giving directions and on transport. The
exercises in this unit will give you ample opportunity to practise, through
the use of authentic material such as maps and train timetables, the
relevant key phrases and expressions.

💬 Diálogos

🚇 1 ¿Qué línea tengo que tomar?

Mark Johnson, un turista de vista en Madrid, pregunta cómo ir a la estación de Chamartín. Mark está en la estación de metro Sol.

Mark   Perdone, ¿qué línea tengo que tomar para ir a la estación de Chamartín?

Empleado Coja la línea 1 hasta Plaza de Castilla y allí cambie a la línea 8 en dirección a Fuencarral.

Mark   Gracias.

Empleado De nada.

línea (f) *line*	coger *to take*

Notas explicativas

(a) In Spanish, as in English, directions are normally given with the imperative or command form, e.g. **coja** *(take)*, **cambie** *(change)*. See **Notas gramaticales** on page 102.

(b) **Coger** and **tomar** *(to take)*, are interchangeable in this context. **Coger**, however, seems to be more frequent in Spain. In certain Latin-American countries, notably Argentina, **coger** is a taboo word and it is better to avoid it. **Tomar** will be understood everywhere.

Ejercicio de comprensión 1

¿Verdadero o falso?

(a) Mark desea ir a la estación de Chamartín.

(b) La línea 1 va directo a Chamartín.

(c) Mark tiene que cambiar a la línea 8 en Fuencarral.

2 ¿A qué hora llega el expreso?

Mark ha ido a la estación de Chamartín a buscar a un amigo que viene de Zaragoza. En información Mark pregunta por la llegada del tren.

Mark Por favor, ¿a qué hora llega el expreso que viene de Zaragoza?

Empleada La hora de llegada es a las catorce treinta, pero hoy viene con veinte minutos de retraso. Llegará a las catorce cincuenta.

Mark ¿A qué andén llega?

Empleada No lo sé, tiene que mirar el tablero de llegadas.

Mark Gracias.

Empleada De nada.

llegada (f) *arrival*	andén (m) *platform*
retraso (m) *delay*	tablero (m) *board*

Notas explicativas

Notice the use of the 24-hour clock, normally used by officials in public places such as railway stations. Although you need to understand it you don't have to use it as people use phrases such as **(las siete) de la mañana**, *(7 o'clock) in the morning*, **(las siete) de la tarde**, *(7 o'clock) in the evening*, to refer to a.m. and p.m. respectively.

Ejercicio de comprensión 2

Answer the following questions in English:

(a) What time does the express train from Zaragoza normally arrive in Madrid?

(b) How many minutes late will it be today?

(c) What time will it arrive?

3 Sigan todo recto

Mark y su amigo Robert están en un hotel en la calle de la Magdalena. En su segundo día en Madrid deciden visitar el Museo del Prado. En la recepción del hotel preguntan cómo llegar hasta allí.

Robert	Buenos días.
Recepcionista	Buenos días, señor. Dígame.
Robert	Por favor, nos puede decir por dónde se va al Museo del Prado.
Recepcionista	Sí, miren, al salir del hotel tuerzan ustedes a la derecha y vayan hasta la Plaza Anton Martín que está a cien metros de aquí. Allí cojan la calle de León que está a la izquierda y sigan hasta la calle Lope de Vega. Sigan todo recto por Lope de Vega hasta llegar al Paseo del Prado. Al otro lado del Paseo está el Museo.
Robert	Muchas gracias. Dígame, ¿hay alguna oficina de correos por aquí?

Recepcionista   No, por aquí no. Pero si es para comprar sellos, en la Plaza de Antón Martín hay un estanco. Allí venden sellos.

Robert   Gracias, adiós.

Recepcionista   Adiós, buenos días.

---

sigan todo recto *go straight on*	hasta llegar a *until you get to*
seguir *to go on, continue*	al otro lado *on the other side*
tuerzan (torcer) *turn (to turn)*	sello (m) *stamp*
vayan (ir) *go (to go)*	estanco (m) *tobacco shop*

Notas explicativas

¿Por dónde se va a . . .?   *Which is the way to? (Lit. Which way does one go to . . .?)*

This is an impersonal expression and a very useful form of asking the way.

Ejercicio de comprensión 3

After leaving the hotel, Robert repeated the directions given by the receptionist to Mark in English. Complete Robert's version of the directions: '*First we have to turn . . .*'.

4 Se puede ir en tren o en autocar

Mark y Robert quieren viajar a Toledo, ciudad que está a 70km de Madrid. En una agencia de viajes piden información.

Empleada   Buenos días, ¿qué desean?

Mark   Por favor, ¿podría decirnos cómo podemos viajar a Toledo?

Empleada   A Toledo se puede ir en tren o en autocar. Los trenes salen de la estación de Atocha y los autocares de la estación Sur, en la calle Canarias.

Mark   ¿Sabe usted cuál es el horario de los trenes?

Empleada   Hay trenes cada hora, a la hora exacta, a partir de las siete de la mañana y hasta las veintitrés horas.

Mark   ¿Dónde está la estación de Atocha?

Empleada   Pues, tienen que coger la línea 1 del metro. Pueden cogerla aquí en Sol. Les llevará directo.

Mark   ¿Tiene usted un folleto informativo sobre Toledo?

Empleada   No, de Toledo no nos queda ninguno,
                pero en la estación quizá puedan conseguir uno.
Mark   Muchas gracias. Adiós.
Empleada   No hay de qué.

¿Podría decirnos . . .? *Could you tell us . . .?*
autocar (m) *coach*
folleto informativo (m) *information brochure*
quedar *to be left*
quizá *perhaps*
No hay de qué. *You're welcome.*
cada hora *every hour*
Ceda el paso. *Give way.*

✳ Notas explicativas

(a)

    Se puede ir en tren o en   *You can go by train or coach.*
    autocar.

Notice here the impersonal phrase **se puede ir** (Lit. *one can go*). An alternative would be:

    Pueden ir en tren o en   *You can go by train or coach.*
    autocar.

(b)

    Quizá puedan conseguir   *Perhaps you'll be able to get one.*
    uno.

Because **quizá** expresses doubt, the verb here, **poder**, is in the present subjunctive.

Ejercicio de comprensión 4

Complete these phrases with information from the dialogue:

(a) A Toledo se puede ir en (means of transport) . . .

(b) Los trenes salen de (name of station) . . .

(c) Los autocares salen de (name of coach station) . . .

(d) Hay trenes (frequency) . . .

(e) El primer tren sale a las (time) . . .

(f) El último tren salen a las (time) . . .

— **Frases y expresiones importantes** —

Asking the way

¿Dónde está . . .?	*Where is it?*
Nos puede decir por dónde se va a . . . ?	*Can you tell us how we can get to . . . ?*

Other ways of asking the way

¿La ruta/carretera/autopista para . . ., por favor?	*The road/highway/motorway for . . . please?*
¿En qué dirección está . . .?	*In which direction is . . .?*

Giving directions

Tuerza/doble a la derecha.	*Turn right.*
Vaya hasta . . .	*Go as far as . . .*
Siga hasta la calle . . .	*Continue as far as . . .*
Siga todo recto	*Go straight on*
Tome/coja	*Take . . .*

Other ways of giving directions

Suba/baje por esta calle. *Go up/down this road.*	cruce . . . *cross*
Está al lado de/junto a *It is next to*	Está al lado *It is next door.*
Está en la esquina. *It is in the corner.*	Está enfrente de . . . *It is opposite . . .*
	Está entre . . . y . . . *It is between . . . and . . .*

Asking and giving information about transport, including arrival and departure times

¿Qué línea tengo que tomar/coger?	*What line do I have to take?*
Tome/coja la línea 1.	*Take line 1.*
Cambie/transborde a . . . en . . .	*Change on to . . . at . . .*
¿Podría decirme/nos cómo puedo/podemos viajar a . . .?	*Can you tell me/us how I can/we can travel to . . .?*
¿A qué hora llega el expreso?	*What time does the express train arrive?*

La hora de llegada es a las . . .	*The arrival time is . . .*
Llega/llegará a las . . .	*It arrives/it will arrive at . . .*
Sale(n) de . . .	*It/they leave from . . .*
Hay (trenes) cada hora.	*There are (trains) every hour.*

 ─────── **Notas gramaticales** ───────

The imperative – giving commands

Directions are normally given with the imperative, e.g. **cruce la calle** *(cross the street)*, **suba por esta avenida** *(go up along this avenue)*. The imperative is the same as the third person singular of the present subjunctive (see Unit 6). As with the subjunctive, you use the stem of the first person singular of the present tense plus the appropriate ending. In Spanish, you use different imperative forms depending on who you are talking to (polite or familiar) and whether you are speaking to one, or more than one, person (singular or plural).

(a) **Polite imperatives**

Here are the polite imperatives of three regular verbs: **doblar** *(to turn)*, **retroceder** *(to go back)*, **subir** *(to go up)*:

Present tense (1st person)	**Imperative**	
doblo	doble	*turn* (sing)
	doblen	*turn* (pl)
retrocedo	retroceda	*go back* (sing)
	retrocedan	*go back* (pl)
subo	suba	*go up* (sing)
	suban	*go up* (pl)

Notas: (i) The negative imperative is formed by placing **no** before the verb, e.g. **no** doble aquí, *(don't turn here)*. (ii) As the imperative is formed with the stem of the 1st person singular of the present tense, verbs which are irregular in the present are also irregular in the imperative, e.g. **vengo** *(I come)*, **venga** *(come)*. For irregular imperatives see **Table of irregular verbs** on page 205.

(b) Positive familiar imperatives

Familiar imperatives have different positive and negative forms:

Present tense (1st person)	Imperative (sing/pl)	
doblo	dobla/d	*turn*
retrocedo	retrocede/d	*go back*
subo	sube/id	*go up*

Nota: Some positive familiar imperatives are irregular, e.g. **venir** *(to come)* – **ven** *(come)*. See **Table of irregular verbs** on page 205 for other such forms.

(c) Negative familiar imperatives

Present tense (1st person)	Imperative (sing/pl)	
doblo	no dobles	*don't turn*
	no dobléis	*don't turn*
retrocedo	no retrocedas	*don't go back*
	no retrocedáis	*don't go back*
subo	no subas	*don't go up*
	no subáis	*don't go up*

(d) Pronouns with imperatives

If the imperative includes a pronoun, this must go at the end of the positive form but before the negative one. Positive imperatives which carry a pronoun may need to add an accent, e.g. **bajarse** *(to get off)*: **bájese** *(get off)*, **no se baje** *(don't get off)*.

Repaso

Change the imperative into the familiar form.

Para llegar a mi oficina **coja** el autobús número 4 y **bájese** en la plaza Isabel La Católica. **Cruce** la plaza en dirección a la Catedral y **suba** por la calle de la Catedral hasta el primer semáforo. La empresa donde trabajo está justo en la esquina. **Suba** en el ascensor hasta el quinto piso. Al salir del ascensor encontrará un pasillo. **Siga** por el pasillo hasta el fondo. Mi oficina es la 510 y está a la mano izquierda.

—————————— **Actividades** ——————————

1 You have been in Madrid for a few days and you are now familiar with the underground system (**el metro**). Someone you have met at your hotel near the Opera metro, who does not speak English, needs your help. Look at the map of the Madrid underground on page 96 and answer his questions.

Conocido	Buenos días, ¿cómo esta Vd.?
Vd.	*(Reply to his greeting.)*
Conocido	Muy bien, gracias. Hoy tengo que ir visitar a unos amigos que viven cerca de la estación de Goya. ¿Sabe Vd. qué línea tengo que tomar?
Vd.	*(Study the map of the underground and tell him how to get there.)*
Conocido	¿Va directo?
Vd.	*(Tell him whether it does or not.)*
Conocido	Gracias. Y después tengo que ir a una tienda que está cerca de la estación de Rubén Darío. ¿Podría decirme que línea tengo que tomar para ir allí desde la estación de Goya?
Vd.	*(Study the map and tell him how to get there.)*
Conocido	Muchas gracias. Aún no entiendo el metro de Madrid. ¿Y Vd. qué planes tiene para hoy?
Vd.	*(Say you are going to the Prado Museum and then you'll have lunch with a Spanish friend.)*
Conocido	Bueno, espero que nos veamos esta noche. Podríamos salir a tomar una copa, ¿qué le parece?
Vd.	*(Why not! You'll be back at the hotel about 7.00.)*

Nota: There is no one way to give the directions above. The **Key to the exercises** on page 182 provides a model.

2 With the help of the map opposite, try building up simple dialogues showing different ways of asking and giving directions. Use some of the words and phrases from the introductory dialogues and from the section **Frases y expresiones importantes**.

(a) You get out of the **metro** station (see next page) at Nuñez de Balboa (Nº 9 on the map) and someone stops you to ask the way to the Banco Central (Nº 4 on the map).

(b) You have been to a museum (Nº 1) and as you go out, someone stops you to ask the way to the Hotel Plaza (Nº 6).

1) Museo
2) Oficina de Correos
3) Banco Nacional
4) Banco Central
5) Oficina de Turismo
6) Hotel Plaza

7) Cine Real
8) Hospital Reina Sofía
9) Metro Núñez de Balboa
10) Estanco
11) Farmacia
12) Teléfono Público

3 Someone who is visiting a South American country received this letter with directions. Complete it with the most appropriate word. Notice it is a formal letter.

Estimada señora Peña:

El objeto de la presente es explicarle brevemente cómo llegar hasta nuestras oficinas desde su hotel.

Al _____ del hotel _____ a la derecha y _____ hasta la estación de metro _____ próxima, que es la estación de Moneda. Allí _____ la línea 1 que va en _____ a Las Condes y _____ en la estación de Pedro de Valdivia que _____ en la Avenida Providencia. A dos _____ de allí, en _____ oriente, está la calle Concepción. Allí _____ a la izquierda y _____ por esa misma calle _____ el final. Nuestra oficina se encuentra justo en la _____ a la mano derecha. Atentamente,

Julián García

4 Christine lives in London and today her friend Antonio is coming to visit her. This is the note Christine sent to Antonio with directions to get to her place. First study the note and make sure you understand the directions. Then do the exercise below.

¡Hola Antonio!

Te envío esta nota para decirte cómo llegar a mi casa desde la estación de Victoria.

Yo vivo cerca de la estación de metro de Hammersmith. Al llegar a Victoria tienes que buscar la estación de metro y preguntar por la 'District line'. Coge esa línea en dirección a Richmond o a Ealing Broadway y bájate en Hammersmith. Al salir de la estación de Hammersmith cruza la calle por el paso subterráneo hasta Shepherd's Bush Road. Sigue todo recto por Shepherd's Bush Road hasta llegar a un pequeño parque que verás a tu derecha. Ese es Brook Green. Sigue por el lado derecho de parque hasta Luxemburg Gardens, que es donde yo vivo. Es la segunda calle viniendo de Shepherd's Bush Road. Allí tuerces a la derecha. Mi casa tiene el número 25 y está casi en la esquina.

Espero que no te pierdas.

Un abrazo

Christine

Imagine the directions are for somebody much older than Christine whom she doesn't know well. She would need to use the polite form. Rewrite the note using the polite imperative.

5 A tourist goes to a railway station in Madrid to enquire about rail travel between Madrid and Paris. Use the information opposite to make up a possible dialogue between him/her and the person at the information desk. Include information such as the number of trains a day, how long it takes to travel, departure and arrival times, whether you need to change trains, and any other information you may think relevant. In the **Key to the exercises** you will find a model dialogue.

TIPO DE TREN	Estrella	EC
MODALIDADES		
ORIGEN		
MADRID-CHAMARTIN	18.15	19.35
ARANDA DE DUERO	20.38	
BURGOS	21.48	22.12
MIRANDA DE EBRO	23.16	
GASTEIZ/VITORIA	23.43	
DONOSTIA/SAN SEBASTIAN	1.35	
IRUN	2.03	1.23
HENDAYA	2.08	1.39
HENDAYA	3.36	1.59
BURDEOS	5.59	3.57
PARIS-AUSTERLITZ	10.30	8.30
DESTINO		
OBSERVACIONES	G (1)	G (2)

(1) Puerta del Sol. Lleva 1.ª clase de Hendaya a París. Los viajeros de plazas sentadas deben transbordar en Hendaya. Del 15-VII al 2-IX llega a París a las 10.36 h.
(2) Eurocity Madrid-París. Del 15-VII al 2-IX llega a París a las 8.35 h.

EC (m) *Eurocity*	coche guardería (m) *section of*
coche litera (m) *sleeper with*	*carriage used as nursery*
couchette	

6 ¡A escuchar!

En viaje al aeropuerto: Here is some more practice in understanding directions. Listen to the recordings if you have the cassette, or alternatively, read the transcripts on pages 199–200, and take notes in English of the directions given by each speaker.

7 As in other big cities, the Madrid transport authorities offer facilities to people who use the system regularly. Here is some information about **la tarjeta de abono** *(travel card)* and **el cupón mensual** *(monthly ticket)*, which must accompany the card. Read the information on **Esto es lo nuevo de los transportes de Madrid**.

ESTO ES LO NUEVO DE LOS
TRANSPORTES DE MADRID

Con el Abono Transportes puede viajar por todo Madrid.
En tren, autobús y Metro. Sin límites.
Cuando lo desee y cuantas veces quiera.
Sin tener que pagar en cada viaje. Sin tener que hacer colas.
Es la nueva forma de moverse por Madrid.
Es el nuevo Abono Transportes de Madrid.

El Abono Transportes consta de:
• La Tarjeta de Abono.
• Un cupón mensual.

RECUERDE:

• **La Tarjeta de Abono es personal y de carácter permanente;** llevára su nombre y apellidos, el número de su DNI, su número de abonado y su fotografía. Puede solicitarla en los estancos, rellenando el impreso correspondiente y entregando una fotografía.

• **El cupón mensual lo deberá adquirir cada mes en los estancos,** en las estaciones de Metro y casetas de la EMT señaladas en el plano y, junto con su Targeta de Abonado, le permitirá viajar ilimitadamente en transporte público en el mes elegido, dentro de la zona de validez del Abono. **El cupón sólo será válido si lleva escrito el número de abonado y va acompañado de la Tarjeta correspondiente.**

• A partir del mes de febrero de 1988 los mayores de 65 años y los jóvenes menores de 18 años podrán adquirir con precios bonificados los nuevos Abonos: **ABONO TERCERA EDAD** y **ABONO JOVEN**.

Para mayor información, diríjanse al Consorcio de Transportes de Madrid. Teléfono 455 72 99.

¿Verdadero o falso?

(a)   La tarjeta de abono sólo se puede usar en el metro.

(b)   Se puede usar todas las veces que uno quiera.

(c)   La tarjeta de abono debe comprarse cada mes.

(d)   Esta tarjeta puede ser usada por más de una persona.

(e)   La tarjeta se vende en los estancos.

(f)   La tarjeta lleva una fotografía del usuario.

(g)   El cupón mensual sólo se compra en los estancos.

(h)   Este cupón mensual deberá acompañar la tarjeta.

---

hacer colas *to queue*
DNI (Documento Nacional de Identidad) (m) *national identity card*
abonado (m) *season ticket holder*

impreso (m) *form*
EMT (Empresa Municipal de Transportes) (f) *municipal transport company*

Consolidación

A Spanish-speaking friend is coming to visit you at home for the first time. Write a brief letter to your friend giving precise directions on how to get to your place from the airport, the nearest train or underground station or from the nearest bus stop. Use as a guideline the note in Exercise 4 of **Actividades** and try using some of the phrases and expressions you have learnt through the unit. Don't forget you will need to use the familiar form.

8

SERVICIOS Y
COMUNICACIONES

Objetivos

In this unit you will learn to:

- Refer to the recent past and to events which have happened in a period of time which includes the present
- Use indirect speech
- Make complaints
- Give advice and recommendations
- Give instructions and explain procedures
- Express certainty and uncertainty

Tema

The main subject of this unit is services and communications. The dialogues and exercises in this unit will provide you with some essential vocabulary and language forms used in banking, postal services and telecommunications.

Diálogos

1 Una reclamación

Pamela Miles ha pedido una transferencia de dinero desde su banco en Inglaterra, pero la transferencia aún no ha llegado.

Pamela . Buenos días.

Empleado Buenos días. ¿Dígame?

Pamela He pedido una transferencia de dinero a mi banco en Inglaterra y quisiera saber si ha llegado.

Empleado ¿Su nombre, por favor?

Pamela Pamela Miles. M-i-l-e-s. Miles.

Empleado Un momento, por favor. Veré si ha llegado.

(El empleado revisa la documentación y se dirige a la clienta.)

Aún no ha llegado. ¿Cuándo la pidió usted?

Pamela La pedí hace una semana. Me dijeron que la enviarían inmediatamente y que tardaría sólo dos días. ¿Está seguro de que no hay nada?

Empleado Estoy completamente seguro. He revisado todas las transferencias que han llegado en los últimos días y la suya no está.

Pamela ¡No es posible! ¿Qué puedo hacer? Necesito ese dinero urgentemente.

Empleado Pues, lo siento mucho, pero lamentablemente yo no puedo hacer nada. ¿Por qué no vuelve Vd. mañana sobre el mediodía para ver si la hemos recibido? Y si no ha llegado, es mejor que llame Vd. por teléfono o escriba a su banco en Inglaterra para saber qué ha ocurrido.

Pamela Bien, volveré mañana. Adiós.

Empleado Adiós. Buenos días.

---

reclamación (f) *complaint*	tardar *to take (time)*
transferencia (f) *transfer (money)*	estar seguro *to be sure*

Notas explicativas

(a)

He pedido una transferencia de dinero.	*I have asked for a money transfer.*
La **pedí** hace una semana.	*I asked for it a week ago.*

The first sentence uses the perfect tense and the second one the preterite or simple past. For an explanation of this see **Notas gramaticales** on page 117.

(b)

Me dijeron que la **enviarían** inmediatamente y que **tardaría** sólo dos días.	*They told me that they would send it immediately and that it would take only two days.*

This is an indirect statement. The verbs **enviar** and **tardar** are in the conditional tense. More on this in **Notas gramaticales**.

Ejercicio de comprensión 1

What words and phrases are used in the dialogue to express the following?

(a) ¿Qué desea?
(b) Todavía.
(c) De inmediato.
(d) Con urgencia.
(e) Desgraciadamente.
(f) A eso de . . .
(g) Telefonear.
(h) Suceder

2 Una llamada telefónica

En un locutorio de la Compañía Telefónica, Pamela Miles pregunta a la telefonista cómo llamar a Inglaterra.

Pamela Por favor, ¿podría decirme qué prefijo tengo que marcar para llamar a Londres.

Telefonista Primero tiene que marcar el cero siete que es internacional y espere un segundo tono. Después marque el cuarenta y cuatro que corresponde a Inglaterra.

Pamela Cero siete, cuarenta y cuatro . . .

Telefonista Luego marque el siete uno u ocho uno de Londres y el número del abonado.

Pamela Vale. Gracias.

Telefonista Pase a la cabina siete.

---

prefijo (m) *code*
marcar *to dial*
tono (m) *dialling tone*

abonado (m) *subscriber*
vale *O.K.*

Notas explicativas

(a) Notice that instructions here are expressed with **tener que** plus the infinitive, e.g. **tiene que marcar** *(you have to dial)*, and with the imperative, a much more frequent construction, **marque** *(dial)*, **espere** (wait). For the formation of the imperative see Unit 7.

(b) Observe the change from **c** to **qu** in **marcar** *(to dial)*, and the imperative form **marque** *(dial)*. Similar changes occur in:

buscar *(to look for)*   **busque** *(look for)*
tocar *(to play)*   **toque** *(play)*

Notice also:
llegar *(to arrive)*   **llegue** *(arrive)*
pagar *(to pay)*   **pague** *(pay)*
coger *(to catch)*   **coja** *(catch)*

Ejercicio de comprensión 2

List all the verbs from the dialogue which are used to express instructions, e.g. **llame** *(call)*, and give the infinitive corresponding to each one, e.g. **llamar** *(to call)*.

3 En Correos

Robert Davies, un hombre de negocios, desea enviar unas muestras desde Bilbao a Madrid. En Correos pide información.

Sr. Davies   Buenos días. Quisiera enviar unas muestras a Madrid. ¿Qué servicio me recomienda? Las necesitan con urgencia.

Empleada   Pues, en ese caso le recomiendo que utilice el servicio **postal express**. Es un servicio de urgencia y además tiene la ventaja de que el envío es certificado. Es el servicio más seguro y rápido que tenemos.

Sr. Davies   ¿Y lo llevan a domicilio?

Empleada   Sí, la entrega se hace a domicilio. Es un poco más caro que los otros servicios, pero en este caso creo que es lo que más le conviene.

Sr. Davies   Gracias. Éste es el paquete que quiero enviar.

hombre de negocios (m) *businessman*	envío (m) *package, parcel*
	domicilio (m) *home, address*
muestra (f) *sample*	entrega (f) *delivery*

❊ Notas explicativas

> Le recomiendo que **utilice**   *I recommend you use the postal*
> el servicio postal express.   *express service.*

After **recomendar**, when the subject of the first clause (**Yo le recomiendo . . .**) is different from the subject of the second clause (**. . . que Vd. utilice . . .**) you need to use the subjunctive. Here, the verb **utilizar** is in the present subjunctive. For the formation of the present subjective see Unit 6.

Ejercicio de comprensión 3

Study the dialogue once more and try to memorise some of the key words and phrases used in it, then complete this passage with the most suitable words and phrases. Try not to look at the text while you work through it.

El señor Davies va a _____ porque quiere enviar unas _____ a Madrid. La empleada le _____ que utilice el servicio _____ express, porque éste es un servicio de _____ y además tiene la _____ de que el envío es _____. Por otra parte, la _____ se hace a domicilio. Este servicio es más _____ que los otros, pero, en este caso, cree la empleada, es lo que más le _____ al señor Davies.

🔲 4 Una queja

John y Helen Brown, dos turistas de vacaciones en España, han alquilado un coche a través de una agencia en Inglaterra. Al llegar al aeropuerto en Palma de Mallorca, John y su mujer se dirigen al mostrador de la agencia de alquiler.

Sr. Brown	Buenas tardes.
Empleada	Buenas tardes.
Sr. Brown	Me llamo John Brown. Hemos alquilado un coche a través de su agencia en Manchester. ¿Dónde podemos recogerlo?
Empleada	¿Cómo me ha dicho que se llama?
Sr. Brown	John Brown. B-r-o-w-n. Brown.
Empleada	Un momento, por favor. . . . Sí, aquí tenemos una reserva a su nombre, pero es para el día quince y hoy estamos a catorce.
Sr. Brown	¿Cómo? ¿Para el día quince ha dicho Vd.? Mire Vd., yo mismo hice la reserva y no me cabe duda que era para el

	catorce. ¡Esto es el colmo de la incompetencia! Exijo que me entreguen el coche que pedí inmediatamente.
Empleada	Lo siento, pero en este momento no tenemos ningún coche disponible.
Sra. Brown	¡Es increíble! Es la primera vez que nos sucede algo así.
Empleada	Pues, les aconsejo que hablen con el encargado. A lo mejor él les puede solucionar el problema. Yo no puedo hacer nada. ¿Quieren esperar un momento, por favor? Iré a buscarle.

---

recoger *to pick up, collect*	exigir *to demand, insist*
yo mismo *I . . . myself*	increíble *incredible*
No me cabe duda . . . *I have no* *doubt . . .*	aconsejar *to advise*
	solucionar *to solve*
Es el colmo (de) . . . *It's the height of,* *it's the limit . . .*	

Notas explicativas

Observe the use of the present subjunctive after **exigir** *(to demand, insist)* and after **aconsejar** *(to advise)*:

Exijo que me **entreguen** el coche.	*I insist that you hand me the car.*
Les aconsejo que **hablen** con el encargado.	*I advise you to speak to the person in charge.*

For the formation of the present subjunctive see Unit 6.

Ejercicio de comprensión 4

Answer the following questions in Spanish.

(a) ¿Dónde alquilaron el coche los Brown?

(b) ¿Para qué día hicieron la reserva?

(c) ¿Quién hizo la reserva?

(d) ¿Para qué día tenía la reserva la agencia en Palma de Mallorca?

(e) ¿Por qué no puede darle otro coche la empleada?

(f) ¿Qué les aconseja la empleada?

🔑 — Frases y expresiones importantes —

Referring to the recent past and to events which have happened in a period of time which includes the present

He pedido una transferencia.	*I've asked for a transfer.*
Aún no ha llegado.	*It hasn't arrived yet.*

Using indirect speech

Me dijeron que la enviarían inmediatamente.	*They told me they would send it immediately.*
Me dijeron que tardaría sólo dos días.	*They told me it would take only two days.*

Making complaints

¡No es posible!	*That's impossible!*
¡Es increíble!	*It's incredible!*
¡Esto es el colmo de la incompetencia!	*This is the height of inefficiency!*

Other ways of making complaints

Quiero hacer una reclamación. *I want to make a complaint.*
Tengo una queja. *I have a complaint.*
Quisiera quejarme de . . . *I'd like to complain about . . .*

Giving advice and recommendations

Es mejor que llame Vd. por teléfono a su banco.	*You'd better telephone your bank.*
Le recomiendo que utilice el servicio **postal express**.	*I recommend you use the postal express service.*

Nota: The verbs most frequently used to give advice and recommendations are **aconsejar** *(to advise)*, **recomendar** *(to recommend)*, **sugerir** *(to suggest)*.

Giving instructions and explaining procedures

Primero tiene que marcar el 07.	*First you have to dial 07.*
Espere un segundo tono.	*Wait for a second dialling tone.*

Nota: In writing, instructions and procedures are often expressed with the infinitive, e.g.

levantar el auricular, *(lift up the receiver)*
depositar una moneda de . . . pesetas
(insert a coin of . . . pesetas)

Expressing certainty and uncertainty

¿Está seguro de que no hay nada?	*Are you sure there is nothing?*
Estoy (completamente) seguro.	*I'm (absolutely) sure.*

Other ways of expressing certainty and uncertainty

Me parece que . . . *I think (that)* . . .
Creo que . . . *I think (that)* . . .
No creo que . . . (plus the subjunctive) *I don't think (that)* . . .

Notas gramaticales

1 The perfect tense

This is used to refer to the recent past and to events which have happened in a period of time which includes the present.

Sentences such as:

He pedido una transferencia.	*I have asked for a transfer.*
Hemos alquilado un coche.	*We have hired a car.*

refer to the recent past and are normally expressed in Spanish in the perfect tense.

Events which have happened in a period of time which includes the present, e.g. **hoy** (today), **esta mañana** *(this morning)*, **esta semana** *(this week)*, **todavía, aún** *(still, yet)*, **ya** *(already)*, etc. are also normally expressed in the perfect tense, as in:

Hoy he hablado con él.	*Today I've spoken to him.*
Aún no ha llegado.	*It hasn't arrived yet.*

Notas: (a) In Spanish America and in the North-Western regions of Spain, notably Galicia and Asturias, the preterite tense, e.g. **Hoy hablé con él** *(Today I spoke to him)*, is much more common than the perfect tense. (b) The Spanish perfect tense often translates into English as simple past, e.g. **Lo he llamado hace un rato.** *I phoned him a while ago*.

Formation

To form the perfect tense you use the present tense of **haber** *(to have)* followed by a past participle which does not change. The past participle of **-ar** verbs ends in **-ado** while **-er** and **-ir** verbs form the past participle by adding **-ido** to the stem. Here are two verbs, **llegar** *(to arrive)*, and **pedir** *(to ask for)* in the perfect tense.

he llegado	*I have arrived*
has llegado	*you have arrived* (familiar)
ha llegado	*he/she/it has arrived, you have arrived*
hemos llegado	*we have arrived*
habéis llegado	*you have arrived* (familiar)
han llegado	*they/you have arrived*

he pedido	*I have asked (for)*
has pedido	*you have asked (for)* (familiar)
ha pedido	*he/she/it has asked (for), you have asked (for)*
hemos pedido	*we have asked (for)*
habéis pedido	*you have asked (for)*
han pedido	*they/you have asked (for)*

Nota: For irregular past participles see the **Table of irregular verbs** on page 205.

2 The conditional tense in indirect speech

Compare these sentences:

La enviaremos inmediatamente.	*We'll send it immediately.*
Me dijeron que la enviarían inmediatamente.	*They told me (that) they would send it immediately.*

The first sentence corresponds to a direct statement while the second one introduced by **Me dijeron que . . .** is an indirect one. The verb, which in the direct statement is in the future tense, changes into the conditional tense in indirect speech. Here is another example:

Tardará sólo dos días.	*It will take only two days.*
Me dijeron que tardaría sólo dos días.	*They told me it would take only two days.*

Other verbs used to introduce indirect statements such as the above are: **asegurar** *(to assure)*, **prometer** *(to promise)*, **garantizar** *(to guarantee)*, etc.

Formation of the conditional tense

Like the future tense, the conditional is formed with the infinitive, to which the endings are added. The endings of the three conjugations are the same as those of the imperfect tense of **-er** and **-ir** verbs (see Unit 5). Here is the conditional tense of a regular verb, **enviar** *(to send)*.

enviaría	*I would send*
enviarías	*you would send* (familiar)
enviaría	*he/she/you would send*
enviaríamos	*we would send*
enviaríais	*you would send* (familiar)
enviarían	*they/you would send*

Nota: **-er** and **-ir** verbs have the same endings as **-ar** verbs. For irregular verbs in the conditional tense see the **Table of irregular verbs** on page 205.

Repaso

1 Complete this note with the correct form of the perfect tense of the verb shown.

Antonio:
Esta mañana te (**llamar**) Ricardo. Dice que él y su mujer (**llegar**) hoy a Madrid y que (**reservar**) una habitación en el Hotel El Escorial. Volverá a llamar esta tarde. Yo (**ir**) a Correos a echar unas cartas, pero espero volver antes de las 2.00. Te (**dejar**) la comida en la nevera.
No te olvides de que mi madre nos (**invitar**) a cenar esta noche.
Mari Carmen

2 Make indirect statements using the introductory phrases given:

(a) **La transferencia llegará mañana.** El empleado me dijo que . . .

(b) **Tardará una semana.** Ella me aseguró que . . .

(c) **La carta estará allí el lunes.** En Correos me dijeron que . . .

(d) **Les entregaremos el coche esta tarde.** En la agencia nos prometieron que . . .

(e) **Le repararemos el coche ahora mismo.** El mecánico me prometió que . . .

(f) **Te llamaré por teléfono esta noche.** Alfonso me dijo que . . .

 ———————— **Actividades** ————————

1 Write a dialogue based on the situation outlined below. Use some of the words and phrases you learnt in the introductory dialogues as well as those listed under **Palabras y frases útiles**.

You have written to your bank asking them to transfer money to your current account at the Banco del Progreso in Buenos Aires. After inquiring at the bank for the third time, you are told by an employee that your money still hasn't come. The employee apologises and suggests that you write to your bank to find out what has happened. You are sure the money has been sent (your father telephoned and told you that you would get the money in 48 hours) and you don't want to waste any more time. You insist upon seeing the manager in order to make a complaint. You think this is the height of inefficiency.

Palabras y frases útiles

la cuenta corriente (f) current account
averiguar to find out
recibir to get

perder tiempo to waste time
exigir to insist upon
director (m) bank manager

---

2 A Spanish-speaking friend is visiting you at home and you have gone out together for the day. Your friend wants to telephone his/her parents in Barcelona from a public phone box. He/she has never used a public telephone in your country. Tell him/her what to do. The code to ring Barcelona from England is 010-343.

Amigo(a) Dime, ¿qué tengo que hacer para llamar a Barcelona desde un teléfono público?

Vd. _____ _____ _____ _____ _____ _____

_____

Palabras y frases útiles

levantar (*or* descolgar) el auricular
  to lift up the receiver
la ranura *slot*

poner monedas de . . . *insert coins
of . . .*

Nota: descolgar changes the **o** of the stem (**descolg-**) into **ue**.

3 You plan to live in Spain for two years and you want to open a bank account. A Spanish acquaintance has brought you a leaflet from his own bank which gives information about some of the services it provides. How much can you understand? Read it through, then translate it into your own language.

En el Banco Popular Español, Vd. encontrará siempre...

AMISTAD para aconsejarle sobre:
- Cómo obtener su permiso de permanencia o residencia.
- Cómo adquirir un coche, chalet o apartamento.
Cómo venderlo y repatriar el capital y plusvalías.
- Cómo alquilar su apartamento o chalet.
- Cómo importar su lancha, su coche, sus muebles, animales domésticos.
- Los impuestos a que está sujeto en España y como evitar la doble imposición.
- Cómo contratar una póliza de seguro que cubra su piso o chalet contra robo, incendio, inundaciones.
- Cómo resolver sus problemas de enfermedades y demás necesidades sanitarias y familiares.

amistad (f) *friendship*	doble imposición (f) *double taxation*
plusvalía (f) *capital gains*	póliza de seguro (f) *insurance policy*
lancha (f) *boat*	incendio (m) *fire*
impuesto (m) *tax*	inundación (f) *flood*

4 ¡A escuchar!

(a) **¡Dígalo por la PR!** This is the title of a public announcement from *Radio la Romántica*, XHPR, in Veracruz, Mexico. Listen to the announcement, if you have the cassette, or alternatively, read the transcript of the text on page 200, and then explain:

(i) What kind of service does *Radio la Romántica* offer its listeners?
(ii) How does this service operate?

(b) **¡Quejas y más quejas!** Some people like to complain! Listen to these complaints, if you have the cassette, or alternatively, read the transcript on page 200, and then say where each of the complaints takes place and what they are about.

5 You will be spending a long time in Spain and you want to be sure that you receive your mail safely and on time. In the local post office you've found a brochure which gives some useful information. Before you read the section below familiarise yourself with the new vocabulary. Then answer the questions which follow.

derechos (m pl) *rights*	apartado (m) *PO box*
peso (m) *weight*	abono (m) *payment*
los demás *the rest of the*	repartidor (cartero) (m) *postman*
señas (f pl) *address*	lista de correos (f) *poste restante*
cubierta (f) *envelope*	de paso *stopping off*
finca (f) *building*	gratuita *free of charge*
casillero postal (m) *post-box*	pesar *to weigh*
aseguarado(a) *insured*	aviso (m) de llegada *notice*
sujeto(a) a *subject to*	

(i) If you are living in a block of flats, will the postman deliver the letters to your own flat?
(ii) Where will registered letters be delivered to?
(iii) If you don't want your post to come to your address or place o work, what other options do you have?
(iv) Can parcels over 500 grams be delivered to your own address.

¿DÓNDE PUEDE RECIBIR SU CORRESPONDENCIA?

Para que Vd. conozca sus derechos al respecto, queremos informarle sobre los sitios donde puede recibir su correspondencia, según la categoría y peso de los envíos:

1.   Las cartas, cualquiera que sea su peso, y los demás envíos de correspondencia hasta 500 grs. puede recibirlos:

en las señas que figuren en su cubierta, que pueden ser las de **su domicilio**, o **lugar de trabajo**. (Esta entrega se realiza a través del portero de la finca o mediante depósito en los casilleros postales domiciliarios, si es correspondencia ordinaria; y en la propia vivienda o despacho, si se trata de correspondencia certificada, asegurada o sujeta a condiciones especiales de entrega),

en **Apartados particulares**, que es la opción que Correos le ofrece, previo abono de una suscripción anual, para que pueda retirar sus envíos en las oficinas antes de las salidas de los repartidores, o

en **Lista de correos**, si se encuentra de paso en una población, y alguien necesita comunicarse con Vd. La entrega de correspondencia en Lista de correos es gratuita.

2.   Los envíos de correspondencia (excepto cartas) que pesen más de 500 gramos y los paquetes postales, cualquiera que sea su peso, ha de recibirlos en las Oficinas Postales por sí mismo o autorizando a otra persona en el propio 'aviso de llegada'.

En las principales ciudades del país tenemos establecido el reparto especial a domicilio de paquetes postales y de envíos de correspondencia de más de 500 grs. de peso, que se realiza a petición del remitente o del destinatario y previo el abono de un derecho especial.

(Dirección General de Correos y Telégrafos, España)

———— Consolidación ————

You arrive with your wife/husband in a hotel in a Spanish-speaking country after reserving a room for two weeks starting on 10th July. The hotel receptionist has a reservation for you but this is for the 15th, not the 10th. You made the reservation yourself on the telephone, but someone has made a mistake. Unfortunately there are no rooms available now, so you'll have to go somewhere else at least until the 15th. You express your indignation and demand to speak to the hotel manager in order to complain. Write the dialogue between you and the hotel receptionist. Use some of the words and phrases you learnt in the introductory dialogues and those listed below. In the **Key to the exercises** you will find a model dialogue.

Palabras y frases útiles

una reserva *a reservation*
a partir del (fecha) *starting on
  (date)*

cometer un error/equivocarse *to
  make a mistake*
al menos *at least*

9

USTED, EL
CONSUMIDOR

Objetivos

In this unit you will learn to:

- Ask for something in a shop and enquire about forms of payment
- Describe things
- Express open and remote conditions
- Express obligation and needs
- Express surprise

Tema

The main theme of Unit 9 is shopping, money and the consumer. Reading comprehension includes authentic material on consumer rights issued by Spanish consumer protection bodies.

Diálogos

1 En una tienda de artículos de piel

Una señora entra en una tienda de artículos de piel para comprar un regalo para su hija.

Clienta	Buenas tardes, señorita. Quisiera comprar un bolso. Es para regalo.
Dependienta	¿Es para una persona joven? *porque es su cumple*
Clienta	Sí, es para mi hija que está de cumpleaños.
Dependienta	¿Cuánto desea gastar aproximadamente?
Clienta	Unas veinte mil pesetas.
Dependienta	Pues, tenemos éstos que están en oferta y están muy bien de precio. Los tenemos a dieciocho mil quinientas pesetas. Este marrón, por ejemplo, es muy bonito y es de muy buena calidad. Mire Vd.
Clienta	Sí, es precioso. Pero no creo que a mi hija le guste ese color. Prefiero llevar uno blanco. Aquél, por ejemplo, ¿vale lo mismo?
Dependienta	Sí, tiene el mismo precio. Y si no le gusta puede cambiarlo, pero deberá traer el recibo.
Clienta	De acuerdo. Me lo quedo.
Dependienta	¿Va a pagar en efectivo?
Clienta	No, ¿puedo pagar con tarjeta de crédito?
Dependienta	Sí, por supuesto.
Clienta	¿Me lo envuelve para regalo, por favor?
Dependienta	Cómo no.

piel (f) *leather*	Me lo quedo. *I'll take it.*
bolso (m) *handbag*	en efectivo (m) *cash*
gastar *to spend*	envolver *to wrap up*
oferta (f) *special offer*	

✳ Notas explicativas

> **Si no le gusta** puede cambiarlo.

> *If she doesn't like it you can change it.*

This is an open condition, in which the condition may or may not be fulfilled. More on this in **Notas gramaticales**.

Ejercicio de comprensión 1

Answer the following questions in Spanish.

(a) ¿Qué quiere comprar la clienta?
Ella quiere comprar un regalo

(b) ¿Para quién es el artículo? *Para su hija*
El artículo es para su hija.

(c) ¿Por qué quiere comprarlo?
Porque está de es su comp-

(d) ¿Qué le ofrece la dependienta?
La dependienta le ofrece un bolso marrón.

(e) ¿Por qué no quiere el color marrón la clienta?
Porque la clienta no cree que su hija le guste ese color.

(f) ¿Qué le sugiere la dependienta?
La dependienta ~~compré~~ le sugiere que compré un bolso blanco

2 Describiendo un coche

Javier y su amigo Fernando hablan de coches.

Javier   ¿Sabes que Cristóbal va a vender su coche?

Fernando   ¿De veras? Es un coche estupendo y está casi nuevo. ¿Por qué lo piensa vender?

Javier   Se ha ganado una beca para Estados Unidos y necesita el dinero.

Fernando   ¡No me digas! ¿Y sabes tú cuánto pide por él?

Javier   Quinientas mil pesetas.

Fernando   ¡Hombre! ¡Y con las ganas que tengo yo de tener un coche! Si tuviera dinero se lo compraría.

¿De veras? *Really*?	¿Cuánto pide por él? *How much is he*
beca (f) *scholarship*	*asking for it?*
¡No me digas! *You don't say!*	tener ganas *to want, be longing to*

Notas explicativas

Si tuviera dinero se lo compraría.   *If I had money I would buy it from him.*

This is a remote condition, which cannot be fulfilled. More on this in **Notas gramaticales**.

Ejercicio de comprensión 2

¿Verdadero o falso?

(a) Cristóbal ha vendido su coche.

(b) Cristóbal necesita el dinero para obtener una beca.

(c) El coche vale medio millón de pesetas.

(d) Fernando piensa comprar el coche de Javier.

📟 3 En un taller de reparaciones

Un cliente lleva su televisor a un taller de reparaciones.

Cliente   Buenas tardes. ¿Podría repararme este televisor?
Empleado   ¿Qué le pasa?
Cliente   La imagen no se ve muy bien.
Empleado   Bien, pero habrá que revisarlo primero y después le daré
               un presupuesto por la reparación. Y si Vd. está conforme
               haremos el trabajo.
Cliente   De acuerdo. ¿A qué hora puedo volver?
Empleado   Vuelva Vd. esta tarde después de las seis.

taller de reparaciones (m) *repair shop*	presupuesto (m) *estimate*
imagen (f) *picture (TV)*	estar conforme *to be in agreement*

Notas explicativas

Habrá que revisarlo.   *It will be necessary to check it*
                                  (Lit. *One will have to check it*).

Habrá is the third person singular of the verb **haber** *(to have)*. It is
followed here by **que** plus the infinitive. More on this in **Notas gramaticales.**

Ejercicio de comprensión 3

Answer the following questions in English.

(a) What is wrong with the television set?

(b) What will the employee do before repairing it?

(c) What condition needs to be fulfilled before he does the repair?

🔑 — Frases y expresiones importantes —

Asking for something in a shop and inquiring about forms of payment

Quisiera comprar un bolso.   *I'd like to buy a handbag.*
¿Va a pagar en efectivo?   *Are you going to pay cash?*
¿Puedo pagar con tarjeta de   *May I pay with credit card?*
  crédito?

Describing things

Es muy bonito y es de muy buena calidad.	*It is very nice and the quality is very good.*
Es un coche estupendo y está casi nuevo.	*It is an excellent car and it is almost new.*

Expressing open and remote conditions

Si no le gusta puede cambiarlo (open condition).	*If you don't like it you can change it.*
Si tuviera dinero se lo compraría (remote condition).	*If I had money I would buy it from him.*

Expressing obligation and needs

Deberá traer el recibo.	*You'll have to bring the receipt.*
Habrá que revisarlo.	*It will be necessary to check it.*

Expressing surprise

¿De veras?	*Really?*
¡No me digas!	*You don't say!*
¡Hombre!	*Good heavens!, I never!*

Other ways of expressing surprise

¡Qué sorpresa! *What a surprise!*
es sorprendente *it is surprising/ amazing*
¡Me parece imposible que . . .! *I can hardly believe . . .!*

Me sorprende. *It surprises me.*
¡Quién lo hubiera creído! *Who would have thought it!*
¡Parece imposible! *I can hardly believe it!*

Notas gramaticales

1 Conditional sentences

(a) **Open conditions:** They are those in which the condition may or may not be fulfilled, as in:

Si Vd. está conforme haremos el trabajo.	*If you are in agreement we shall do the job.*

The combination of tenses used in these sentences is the same as it is in English, e.g. present tense *plus* future tense, as in the previous sentence, present tense *plus* present tense, as in:

Si llueve es mejor no ir.   *If it rains it is better not to go.*

Notice that **si** is followed by a verb in the indicative, not the subjunctive.

(b) **Remote conditions:** Most sentences of this type express a condition which is contrary to fact, that is, which may not be fulfilled, as in:

Si tuviera dinero se lo   *If I had money I would buy it from*
compraría.   *him.*

The verb which follows **si** must be in the imperfect subjunctive while the verb in the second clause is normally in the conditional (for the conditional tense see Unit 8).

This same construction is sometimes used to express conditions which may be fulfilled (as in open conditions). Consider, for example:

Si fueras ahora la verías.   *If you went now you would see*
                                her.

which is practically equivalent to:

Si vas ahora la verás.   *If you go now you will see her.*

2 Imperfect subjunctive tense

Formation

The imperfect subjunctive, used in remote conditions, can be formed in two ways. The first is directly derived from the third person plural of the preterite (see Unit 4), for example:

Infinitive	Preterite	Imperfect subjunctive (1st and 3rd person sing)
comprar *(to buy)*	compr**aron**	compr**ara**
vender *(to sell)*	vend**ieron**	vend**iera**
escribir *(to write)*	escrib**ieron**	escrib**iera**

The same derivation occurs with irregular and stem-changing verbs:

tener *(to have)*	tuvier**on**	tuviera
ser/ir *(to be/go)*	fuer**on**	fuera
querer *(to want)*	quisier**on**	quisiera

Nota: See **Table of irregular verbs** on page 205 for other irregular forms.

Verbs of the second and third conjugation (**-er** and **-ir**) form the imperfect subjunctive in the same way. First conjugation verbs (**-ar**) have a different set of endings. Here are two examples:

comprar: (sing)	compr**ara** compr**aras** compr**ara**
(pl)	compr**áramos** compr**arais** compr**aran**
vender: (sing)	vend**iera** vend**ieras** vend**iera**
(pl)	vend**iéramos** vend**ierais** vend**ieran**

The imperfect subjunctive has a second set of endings which appear to be less frequent than the first. The two forms are generally interchangeable. Again, **-er** and **-ir** verbs share the same endings.

comprar: (sing)	compr**ase** compr**ases** compr**ase**
(pl)	compr**ásemos** compr**aseis** compr**asen**
vender: (sing)	vend**iese** vend**ieses** vend**iese**
(pl)	vend**iésemos** vend**ieseis** vend**iesen**

Nota: Other than in remote conditions such as the above, the imperfect subjunctive normally occurs in sentences which carry a main clause in the:

(a) Imperfect;

El quería que yo lo comprara. *He wanted me to buy it.*

(b) Preterite;

Ella me pidió que lo cambiara. *She asked me to change it.*

(c) Pluperfect;

Yo le había pedido que me diera un presupuesto. *I had asked him to give me an estimate.*

(d) Conditional;

Me gustaría que lo hicieras. *I'd like you to do it.*

(e) Perfect conditional;

Yo habría preferido que lo hicieras.   *I'd have preferred you to do it.*

3 Verbs which express obligation and needs

Tener que *(to have to)*

Tendré que venderlo.   *I will have to sell it.*

Deber *(to have to, must)*

Deberá traer el recibo.   *You'll have to bring the receipt.*

Ser necesario *(to be necessary)*

¿Crees que es necesario?   *Do you think it is necessary?*

Necesitar *(to need)*

Necesito un coche.   *I need a car.*
Necesito comprar un regalo.   *I need to buy a present.*

Hacer falta *(to be necessary)*

¿Hace falta tener visado?   *Does one need a visa?*

Hay que *(it is necessary – one has to, you/we have to)*

Hay que hacerlo.   *One has to do it.*

Nota: Hay derives from **haber** (auxiliary verb *to have*), and it can be used in tenses other than the present tense.

Habrá que revisarlo.   *It will be necessary to check it.*
Hubo que repararlo.   *It was necessary to repair it.*
Habría que venderlo.   *It would be necessary to sell it.*

 ——————— **Repaso** ———————

1 Follow the example and express remote conditions.

Example: No iré porque no tengo dinero.
        Si tuviera dinero iría.

(a) No viajaré a España porque no tengo vacaciones.

Si tuviera vacaciones, viajaría a España

(b) No compraré el coche porque está en mal estado.

Lo compraría si estuviera en buen estad

(c) No lo haremos reparar porque no merece la pena.

Si mereciera la pena, lo haríamos reparar

(d) No se quedarán porque tienen que volver al trabajo.

Si no tuvieron que volver, se quedarían

(e) No los recibiré porque estoy ocupado.

Si no estuviera ocupado, los recibiría,

(f) Ella no le entiende porque él no habla bien español.

Si él hablara bien español ella le entendería

2 Say what you have or need to do. Follow the example.

Example: ¿Qué necesitas comprar? (**un regalo**)
Necesito comprar un regalo.

(a) ¿Qué tuviste que hacer? (**vender el piso**)

(b) ¿Qué tenías que decirme? (**algo importante**)

(c) ¿Qué hay que hacer? (**nada**)

(d) ¿Qué debes llevar? (**el pasaporte**)

(e) ¿Qué necesitabas comprar? (**una maleta**)

(f) ¿Qué habrá que traer? (**algo para beber**)

Actividades

1 You go into a shop in a Spanish-speaking country to buy yourself a pair of trousers. Play the part of the customer in this conversation with the shop assistant.

Dependiente(a)	¿En qué puedo servirle?
Vd.	*(Say you would like a pair of trousers.)*
Dependiente(a)	¿Son para Vd.?
Vd.	*(Yes, they are for you.)*
Dependiente(a)	Tenemos éstos de algodón, son de muy buena calidad y están de moda. ¿Qué le parecen?
Vd.	*(Yes, you like them very much. Ask if they have them in black.)*
Dependiente(a)	Sí, y también en marrón y en gris. ¿Cuál es su talla?
Vd.	*(You are size 46.)*
Dependiente(a)	Sí, éste es el último que nos queda en esa talla.
Vd.	*(Say you would like to try them on.)*
Dependiente(a)	Sí, pase Vd. al probador. Está allí, a la derecha.

Vd.	*(Say that they fit and ask how much they are.)*
Dependiente(a)	Cuestan siete mil pesetas.
Vd.	*(Say they are a little expensive, but you like them. You'll take them. Ask if you can pay with a credit card.)*
Dependiente(a)	Sí, cómo no.

Palabras y frases útiles

pantalones (m pl) *trousers*   quedar/sentar bien *to fit*
probarse *to try on*

---

2 You go into a shop to buy some cups and saucers (**tazas y platillos**) that you saw in the window (**el escaparate**) the night before. Unfortunately they are no longer there so someone must have bought them. Describe them to the shop assistant.

Dependiente(a)	¿Qué desea?
Vd.	*(Say you would like some cups and saucers that you saw in the window the night before.)*
Dependiente(a)	¿Cómo eran?
Vd.	*(Say they were ceramic, and they were green and had a yellow band.)*
Dependiente(a)	¿Eran con asa o sin asa?
Vd.	*(No, they didn't have a handle.)*
Dependiente(a)	Ah sí, ahora recuerdo. No nos quedan.
Vd.	*(What a pity!)*

Palabras y frases útiles

cerámica (f) *ceramic*   asa (f) *handle*
banda (f) *band*

---

3 A friend of yours, who has just started learning Spanish, has asked you to translate the postcard on the next page which she received from someone in Venezuela.

Querida Pat:

¡Qué sorpresa recibir carta tuya otra vez! Me alegro de que estés bien y espero que te vaya estupendamente en tus exámenes finales.

Te agradezco mucho tu invitación para este verano, pero desgraciadamente no tengo suficiente dinero para viajar. Si pudiera, naturalmente que iría a verte. ¡No sabes cómo me gustaría! El próximo año quizás, pero tendré que trabajar mucho para ahorrar dinero ya que el viaje es muy caro. Tú también tendrás que venir a Venezuela algún día. No hace falta que te invite formalmente. Te estaré esperando.

Un abrazo

Raúl

4 If you are staying in Spain for longer than a holiday you may need to use the services of a repair shop (**Servicio de Asistencia Técnica**) if your television, washing machine, etc., suddenly stops working. On pages 136 and 137 there is some advice to consumers from an **Oficina Municipal de Información al Consumidor** (*the National Consumer Association*) in Andalusia. Familiarise yourself with the new vocabulary on page 137, then study the information and answer the questions below.

LO QUE HAY QUE CONOCER DE

LA REPARACIÓN DE LOS APARATOS DEL HOGAR

Antes de hacer uso de un Servicio de Asistencia Técnica (SAT) debemos tener en cuenta que TENEMOS DERECHO A UN PRESUPUESTO PREVIO ESCRITO Y A UN RESGUARDO DE DEPÓSITO.

RESGUARDO DE DEPÓSITO
Nº 371

S.A.T.
Nombre: Reparaciones Gómez, S.A.
Domicilio: c/Vía Ancha, 15
N.I.F.: 410347-1

USUARIO
Nombre: Juana Martinez
Domicilio: c/Sol, 7.

APARATO **Marca:** CRAC **Modelo:** 4BT

Fecha de recepción: 12 agosto 1992
Fecha de entrega: 16 de agosto 1992

Firma usario   **Firma S.A.T.**

EL PRESUPUESTO TENDRÁ UNA VALIDEZ MÍNIMA DE 30 DÍAS

Si durante la confección del presupuesto o reparación del aparato aparecen averías o defectos no detectados anteriormente, deberán ponerse en conocimiento del usario y confeccionarse otro presupuesto adicional.

Cuando no se acepte el presupuesto deberá abonarse según el precio de la hora de trabajo:

Pequeños aparatos:	15 minutos.
Línea blanca:	30 minutos.
Línea marrón:	60 minutos.

Las **PIEZAS DE REPUESTO** deben ser nuevas y cobradas al mismo precio de venta al público.

Los SAT tienen obligación de entregar FACTURA al usuario, en la cual figurarán una serie de datos.

FACTURA Nº 310

S.A.T.
Nombre: Reparaciones Gómez, S.A.
Domicilio: c/Vía Ancha 15
N.I.F.: 410347-1

USUARIO
Nombre: Juana Martinez
Domicilio: c/Sol, 7

Aparato **Marca** CRAC **Modelo** 4BT

CONCEPTO	IMPORTE
Material	2.700
Mano de obra	3.600
Desplazamiento	1.500
I.V.A.	936
TOTAL	8.736

12 de agosto de 1992   FIRMA DEL S.A.T.

Todas las reparaciones tendrán una GARANTÍA mínima de 3 meses, que cubrirá todos los gastos, es decir:
Transportes y desplazamientos; Piezas de repuesto y material; IVA.

---

escrito written
resguardo (m) receipt
usuario (m) customer
aparato (m) appliance
marca (f) make
avería (f) fault
línea blanca (f) household articles (such as cookers, washing machines)
línea marrón (f) articles such as TV and radio sets, video recorders
pieza de repuesto (f) spare part
factura (f) invoice, receipt
desplazamiento (m) travel
IVA (impuesto al valor añadido) VAT
mano de obra (f) labour
confeccionar to prepare
abonar to pay

(a) What should the repair shop give you before carrying out the repair?

(b) What will be the minimum validity of the estimate?

(c) What should the repair shop do if they discover new faults while repairing the appliance?

(d) Suppose you've taken a hair dryer to repair and you decide not to leave it because the estimate is too high. Will you need to pay anything?

(e) What is said about spare parts?

(f) How long does the guarantee last and what does it cover?

📼 5 ¡A escuchar!

¿Dónde compra Vd.?: A journalist from a Spanish magazine is preparing a report on consumer habits. Today he is asking people whether they normally buy in small shops or in department stores.

(a)   Listen to or read the interview with Rosario Santos, a housewife, on page 200–201, and as you do so, try answering these questions. Here are some words you may not be familiar with:

grandes almacenes (m pl) *department store*	comestibles (m pl) *foodstuff*
barrio (m) *district, neighbourhood*	vecino (m) *neighbour*
variedad (f) *variety*	cotillear *to gossip*

(i)   Does Rosario Santos prefer to buy in a department store or in a small shop? Explain.
(ii)   Where does she normally buy food? Why?

(b)   The second interview is with Ana Belmar, a student. Listen to what she has to say, or alternatively, read the transcript of the text on page 201, and as you do so, say whether the following statements are **verdaderos o falsos**. Learn first some of the key words:

rebajas (f pl) *sale*	Tratándose de . . . *If it is to do with . . .*
aprovechar *to take advantage*	a la moda *fashionably*

(i)   Ana prefiere comprar en pequeñas tiendas porque es más barato.
(ii)   Hoy ha comprado en unos grandes almacenes porque hay ofertas especiales.
(iii) Ana trabaja para comprar su ropa.

(c)   The third interview is with Andrés Calle, an office clerk from South America. Listen to the complete conversation, or read the transcript of the text on page 201. This key vocabulary will help you to understand it.

Lo cierto es . . . *The truth is . . .*   acompañar *to accompany*
encargarse de *to be responsible for*

(i)   Listen again, if you have the cassette, and as you do so, complete the passage below with the missing words. Alternatively, read the interview once more and then, without looking at the text, try completing the passage below with the words which are missing.

Pues, lo cierto es _____ prefiero ir a una _____ más pequeña donde el _____ sea más directo, más _____. Pero eso sólo lo _____ hacer el fin de _____. Yo soy administrativo y _____ por la mañana y _____ la tarde y cuando _____ las tiendas ya están _____. Por eso vengo a _____ aquí, pues está abierto _____ mediodía. Así aprovecho la _____ de la comida para _____ lo que necesito.

(ii)   Listen again to (or read) the answer given by Andrés Calle to the second question: **¿Y la compra de comestibles, la hace Vd. también?** Summarise his answer in English.

6 Consumer goods in Spain carry IVA, (*VAT*), the same as in other European countries, but the tax varies for different goods. Consider the different levels of taxation, on page 140, and the articles and services included in each, then answer the questions below:

(a)   Your travelling companion is thinking of buying a video recorder (**un vídeo grabador**). What tax do you think he/she will have to pay?

(b)   You are thinking of buying a Spanish dictionary. Will you need to pay IVA? If so, how much?

7 A friend of yours who doesn't know any Spanish is thinking of renting an apartment in Spain for the summer. Your friend has been sent the information on page 141 on consumer protection by a Spanish acquaintance and he/she has asked you to translate it for him/her. Familiarise yourself with the new vocabulary before you do the translation in writing.

---

combustible (m) *fuel (gas)*   importe (m) *cost, value*
recogida de basuras (f) *rubbish*   antelación (f) *time in advance*
  collection   aviso (m) *notice*
señal (f) *deposit*

INSTITUTO NACIONAL DEL CONSUMO

El **IVA** (Impuesto sobre el Valor Añadido) es un
impuesto sobre el consumo que **sustituye** a veinticuatro
de la misma clase, entre los que se encuentran, como
más importantes, el **Impuesto General sobre el
Tráfico de Empresas** (ITE) y el de **Lujo.**

¿Qué tipos tiene el IVA?

Se aplica a productos de primera necesidad:
alimentos, vivienda, libros, medicamentos...

Sobre productos y servicios no incluidos entre los
de primera necesidad ni los de lujo.

Grava los productos y servicios estimados como
de lujo: automóviles, embarcaciones deportivas, joyería
y peletería de lujo...

*(Instituto Nacional del Consumo, Ministerio de Sanidad y Consumo,
Secretaría General para el Consumo)*

APARTAMENTOS TURISTICOS

E N el precio del alojamiento van incluidos los siguientes servicios: agua, luz y combustible; recogida de basuras y servicios comunes.

En el momento de realizar la reserva se puede exigir, en concepto de señal, una cantidad que va del 15 al 40% del importe total que corresponda al precio contratado.

Si el usuario decide anular la reserva tiene derecho a una devolución de la señal con unas penalizaciones que van del 5 al 50%. Según la antelación del aviso. Si la anulación se efectúa con menos de 7 días de antelación no tendrá derecho a devolución alguna.

ESTE VERANO VIAJA INFORMADO →

OMIC

(Oficina Municipal de Información al Consumidor, Ayuntamiento de Toledo)

Consolidación

Write a dialogue based on this situation (see vocabulary overleaf):

You are in a Spanish-speaking country and you go into a department store to buy yourself a pair of shoes.

First, ask at the information desk where the shoe department is. (It is on the third floor, on the right.)

You look around and see a pair of shoes that you like. An assistant comes up to you and asks what you want. Ask her/him whether they have those shoes in black. He/she asks what size you are. Say what size you are.

The assistant comes back and says they only have those shoes in brown. She suggests you try them on if you like them. Yes, they look nice and you decide to try them on. Say they fit well, so you will take them.

Ask how much they cost. (They are 9000 pesetas.) Ask if you can pay by credit card. (Yes, you can.)

Palabras y frases útiles

la zapatería *shoe department/shop*
un par de zapatos *a pair of shoes*
¿Qué número calza Vd? *What size shoes do you take?*

¿Por qué no se los prueba? *Why don't you try them on?*
Me quedan bien. *They fit well.*
en negro/marrón *in black/brown*

Muchos españoles prefieren comprar en pequeñas tiendas como ésta.

10

ESTAR EN FORMA

Objetivos

In this unit you will learn to:

- Describe minor ailments
- Refer to an action in progress
- Express indirect suggestions and commands

Tema

Unit 10 focuses on health, including minor ailments, diet, and suggestions for keeping in good shape. An article from a Spanish magazine compares traditional medicine with alternative medicine.

Diálogos

1 En el consultorio

A causa de un pequeño accidente, Carlos, un jugador de tenis, consulta a un médico.

Paciente   Buenas tardes. Tengo hora con la doctora Martínez.
Recepcionista   ¿Su nombre, por favor?
Paciente   Carlos González.

Recepcionista	Bien . . ., tendrá que esperar un momento. La doctora está atendiendo a un paciente.

(*Después de algunos minutos.*)

	Pase, por favor.
Paciente	Buenas tardes.
Doctora	Buenas tardes, señor. Siéntese, por favor. Dígame qué le pasa.
Paciente	Ayer, mientras estaba jugando al tenis me caí y me torcí un tobillo, el de la pierna derecha. Me duele mucho y lo tengo hinchado.
Doctora	A ver . . ., ¿Le duele aquí?
Paciente	Ay, sí, me duele mucho.
Doctor	Bueno, por suerte no es más que un esguince, pero suelen ser bastante dolorosos y tardará unos días en sanar. Le pondré una venda para proteger el tobillo. Y trate de no mover mucho el pie. Si de aquí a quince días no se le ha pasado el dolor y la hinchazón, vuelva a verme, pero no creo que sea necesario.
Paciente	Gracias, doctora.

tener hora *to have an appointment*	por suerte *luckily*
caerse *to fall*	esguince (m) *sprain, twist*
Me torcí un tobillo. *I sprained an ankle.*	doloroso *painful*
torcerse *to sprain*	venda (f) *bandage*
pierna (f) *leg*	sanar *to recover*
doler, duele *to hurt, it hurts*	hinchazón (f) *swelling*
hinchado *swollen*	

✳ Notas explicativas

Mientras **estaba** jugando al tenis me caí.	*While I was playing tennis I fell.*

Notice the use of the imperfect tense of **estar**, **estaba** . . . (*I was* . . .) followed by a gerund, **jugando** (*playing*) to refer to an action which was in progress when something else happened. More on this in **Notas gramaticales**.

Ejercicio de comprensión 1

Complete the spaces in this passage with one of these words:

moviera	por suerte	jugando	tobillo	vendó
dolor	dolía	cayó	médico	hinchado

Ayer, mientras estaba _____ al tenis Carlos se _____ y se torció el _____ de la pierna derecha. Como le _____ mucho y lo tenía _____ decidió ir a ver al _____. La doctora le dijo que _____ sólo se trataba de un esguince. Ella le _____ el tobillo y le aconsejó que no _____ mucho el pie. Le sugirió además, que si el _____ y la hinchazón persistían volviera a verla.

2 ¿Qué te dijo el doctor?

María Luisa, una amiga de Carlos, le pregunta sobre la visita al doctor.

María Luisa	Hola, ¿cómo te has sentido?
Carlos	Pues, no muy bien, aún no se me pasa el dolor. Ayer por la tarde fui al médico.
María Luisa	Ah sí, ¿y qué te dijo?
Carlos	Bueno . . . , que no está roto el tobillo, es sólo un esguince. Me puso una venda y me dijo que tratara de no mover mucho el pie, y que volviera si de aquí a unos días no estoy bien. Ya ves, no podremos jugar al tenis juntos.
María Luisa	¡Hombre! Lo siento.

¿Cómo te has sentido? *How do you feel?*
sentirse *to feel*
Aún no se me pasa el dolor. *The pain is still there.*

roto (from romper) *broken (to break)*
Puso (from poner) *She put, applied*
juntos *together*

Notas explicativas

Me dijo que tratara de no mover el pie y que volviera . . .

She told me to try not to move my foot and to come back . . .

This is an indirect suggestion derived from **Trate de no mover el pie y vuelva . . .** For an explanation of this see **Notas gramaticales**.

Ejercicio de comprensión 2

Match the words from the dialogue in the first column with their equivalents in the second column on page 146:

sentirse	intentar
sentir	dentro de
pasarse	encontrarse
romper	lamentar
tratar	acabarse
volver	quebrar
de aquí a	regresar

🔑 — Frases y expresiones importantes —

Describing minor ailments

Me torcí un tobillo.	*I sprained an ankle.*
Me duele mucho.	*It hurts very much.*
Lo tengo hinchado.	*It is swollen.*

Describing other minor ailments

Me duele la cabeza/el estómago/el oído/la espalda/la garganta	*I have a stomach-ache/earache/back ache/sore throat*
tengo fiebre	*I'm running a temperature*
tengo indigestión	*I have indigestion*
tengo estreñimiento/diarrea	*I have constipation/diarrhoea*
estoy enfermo/a	*I'm ill*
estoy malo/a	*I'm unwell*
me siento mal/no me siento bien	*I'm not feeling well*
estoy constipado	*I have a cold*
he cogido un catarro/la gripe	*I've caught a cold/the flu*
me he roto la pierna/el brazo	*I've broken my leg/arm*

Referring to an action in progress

Está atendiendo a un paciente.	*She is looking after a patient.*
Estaba jugando al tenis.	*I was playing tennis.*

Expressing indirect suggestions or commands

Me dijo que tratara de no mover mucho el pie y que volviera . . .	*She told me to try not to move my foot too much and to come back . . .*

Notas gramaticales

1 Estar *with the gerund: for actions in progress*

Estar with gerund, as in **Está atendiendo a un paciente**, refers to an action in progress at the time of speaking. To refer to an action which was in progress when something else happened, as in **Mientras estaba jugando al tenis me caí**, *(While I was playing tennis I fell)*, you need to use the imperfect tense of **estar** (for the formation of the imperfect tense see Unit 5) followed by a gerund.

The gerund is formed by adding **-ando**, to the stem of **-ar** verbs, e.g. **jugar** *(to play)*, **jugando** *(playing)*, and **-iendo** to the stem of **-er** and **-ir** verbs, e.g. **correr** *(to run)*, **corriendo** *(running)*, **subir** *(to go up)*, **subiendo** *(going up)*.

Note that the second action will normally be expressed in the preterite tense: **Cuando me caí** *(When I fell)*. Here are some further examples:

Estoy esperando al médico.	*I'm waiting for the doctor.*
Estábamos trabajando cuando sucedió.	*We were working when it happened.*

Nota: The continuous form (e.g. **estoy trabajando**), present or past, can often be replaced by a non-continuous verb form (e.g. **trabajo**) without altering its meaning, for example:

¿Qué estás haciendo?	*What are you doing?*
¿Qué haces?	*What are you doing?*
Estaba jugando al tenis.	*I was playing tennis.*
Jugaba al tenis.	*I was playing tennis.*

The continuous forms, however, are more specific, with the emphasis more on the action in progress rather than on the action alone.

2 *Expressing indirect suggestions and commands*

Look at the way this suggestion has been reported.

Vuelva si de aquí a unos días no está bien.	*Come back if within a few days you are not well.*

| Me dijo que volviera si de aquí a unos días no estoy bien. | *She told me to come back if within a few days I'm not well.* |

If the verb in the first clause is in the past (e.g. **me dijo** . . . *she told me* . . .) the verb form of the direct suggestion or command (e.g. **vuelva** . . . *come back* . . .) changes into the imperfect subjunctive tense (e.g. . . . **que volviera** . . . *to come back*) in the indirect sentence.

Consider now this example:

| Vuelva dentro de dos semanas. | *Come back within two weeks.* |
| Quiere que vuelva dentro de dos semanas. | *She wants me to come back within two weeks.* |

If the verb in the main clause is in the present tense (e.g. **quiere** . . ., *he/she wants* . . .) the verb form in the second clause will be in the present subjunctive tense, which is the same as that for the polite imperative, therefore there is no change. Notice however that the verb changes if the direct command was a familiar imperative, e.g. **Vuelve** dentro de dos semanas; Quiere que **vuelva** dentro de dos semanas.

Notas:

(a) Instructions and commands such as **siga todo recto y después doble a la derecha**, etc., are reported in a similar way:

| Me dijo que siguiera todo recto y que después doblara a la derecha. | *He told me to go straight on and then turn right.* |

(b) For the forms of the present subjunctive see Unit 6 and for the imperfect subjunctive see Unit 9.

 ————————————— **Repaso** —————————————

1 Say what you and others were doing.

Example: ¿Qué estabas haciendo? (**jugar al tenis**)
Estaba jugando al tenis.

(a) ¿Qué estabas haciendo? (**correr**)

(b) ¿Qué estabais haciendo? (**subir las escaleras**)

(c) ¿Qué estaban haciendo ellos? (**beber**)

(d) ¿Qué estaba haciendo Antonio? (**trabajar**)

2 Express indirect suggestions and commands.

Example: No mueva el pie. (**Me dijo . . .**)
     Me dijo que no moviera el pie.

(a) Vuelva Vd. mañana. (**Me dijo que . . .**)

(b) Descanse Vd. un poco. (**Me aconsejó que . . .**)

(c) No fumen mucho. (**Nos recomendó que . . .**)

(d) Haz más ejercicio. (**El doctor quiere que . . .**)

Actividades

1 While on holiday in a Spanish-speaking country you have problems with your stomach and you go to the chemist to buy something. Play the part of the customer.

Farmacéutico ¿Dígame?
Cliente(a) *(Say you would like something for a stomach ache.)*
Farmacéutico ¿Tiene Vd. diarrea también?
Cliente(a) *(Yes, you've also got diarrhoea. You had some fish the night before and later you began to feel unwell.)*
Farmacéutico Mire, le voy a dar estas pastillas que son muy buenas. Tome dos tres veces al día hasta que se sienta mejor. Y tenga cuidado con la alimentación. No coma nada frito.
Cliente(a) *(Thank you. How much is it?)*
Farmacéutico Son novecientas pesetas.

2 Your Spanish friend wants to know what the chemist told you. Refer to the dialogue above and answer his/her question. Notice the construction **hasta que se sienta mejor**, which carries a verb in the subjunctive.

Amigo(a) ¿Cómo te fue en la farmacia?
Vd. *(Tell your friend what the chemist gave you and what he suggested.)*

3 You have been suffering from backache due to excessive tension and stress. A Spanish friend has found some useful advice in a magazine and has passed it on to you. See how much you can understand. Here are some key words that will help you to understand it.

distender *to relax*	apoyadas *resting*
tronco (m) *trunk*	muslo (m) *thigh*
sencillo *simple*	como te parezca *as you like*
sentado *seated*	relajar *to relax*
flexionadas *flexed, bent*	

Distender el tronco

Generalmente, las tensiones y el estrés afectan directamente a la espalda y al tronco creándote una sensación muy desagradable. Para evitarlo puedes hacer un sencillo ejercicio como éste que hoy te proponemos.

Sentada y con la espalda bien recta, las piernas flexionadas y los pies apoyados en el suelo eleva el brazo izquierdo hacia arriba, manteniendo la mano del derecho apoyada en el muslo correspondiente. Sube y baja los brazos alternativamente una 10 veces. Hazlo tantas veces al día como te parezca y, siempre que te encuentres un poco tensa, te relajará. ■

(Revista Mía Nº 260, España)

An English-speaking friend who suffers from backache has seen the article. He/she doesn't know any Spanish and has asked you to translate it for him/her.

4 To be healthy and in good form we must have a balanced diet. The following passage gives some information about the kind of food we ought to eat. There are some missing words in it. Fill them in with words from the list. New vocabulary will be found at the end of the book.

| huevos | músculos | alimenticia | comer | mantenimiento |
| leguminosas | alimentos | proteínas | productos | |

El hecho de _____ en exceso no quiere decir que se estén consumiendo los _____ más ricos en nutrientes. Entre los _____ que contienen mayor calidad y cantidad _____ se encuentran las carnes, pescados, aves y _____. De igual manera las _____, nueces y alegrías, que son productos sumamente ricos en _____, necesarias para la producción, _____ y reparación de los tejidos, _____, órganos, sangre, piel, cabello, etcétera.

(Diario Excelsior, México D.F.)

5 ¡A escuchar!

La dieta mediterránea: Modern life is altering eating habits and diet in Spain as elsewhere in Europe. The traditional Mediterranean diet, so popular in Spain, is slowly giving way to Continental habits, and food experts are concerned at how these changes may affect people's health. In a radio talk, a specialist on food and diet referred to this point, and she also compared eating habits in different regions of Spain. Listen to the talk, if you have the cassette. Otherwise, use the transcript on page 202 for reading comprehension. First, familiarise yourself with these key words and phrases, then answer the questions which follow.

tierra adentro *inland*	riesgo sanitario (m) *health risk*
alimentación *diet*	equilibrada *balanced*
grasa (f) *fat*	saludable *healthy*
fibra (f) *fibre*	aconsejable *advisable*
meseta central (f) *central plateau*	alimentario *diet* (adjective)

(a) Which are the Spanish regions where the Mediterranean diet is most popular?

(b) Why is the health risk higher in the central plateau, and in the north and north west?

(c) How does the Madrid diet compare with that of other Spanish regions?

(d) What sort of breakfast do people in Madrid tend to have?

(e) Why are more and more people eating outside their homes?

(f) What sort of diet do people in Catalonia tend to have?

6 In Spain, as well as in other countries, more and more people are turning to alternative medicine to find relief for their physical problems. This article from a Spanish magazine considers the essentials of alternative therapy. Read it through and then answer the questions which follow it.

MEDICINAS ALTERNATIVAS

¿Paralelas o complementarias?

El seguimiento de la enfermedad o los tratamientos prescritos establecen una gran diferencia entre la medicina *convencional* y las llamadas alternativas. Si éstas dan muy buenos resultados en ciertos casos, la primera es irreemplazable en otros.

Cuando se trata de curar enfermedades infecciosas graves o tratar procesos que necesitan de intervenciones quirúrgicas, las medicinas alternativas tienen muy poco que hacer. Su eficacia se hace patente frente a las enfermedades *funcionales*, por llamar de alguna forma a esas afecciones sufridas por cerca del 70 por ciento de los pacientes que acuden a las consultas médicas. Estados que se sitúan en la frontera entre la buena salud y la enfermedad crónica, que ningún examen clínico (radiografías, análisis de laboratorio...) permite descubrir. En suma, malestares que son síntomas de un desarreglo o de un mal funcionamiento del organismo (si éste no está equilibrado puede conducir, a la larga, a anomalías orgánicas). Finalmente, la diferencia también viene establecida por el modo de afrontar los problemas. La medicina que todos conocemos procura tratar la enfermedad prioritariamente, mientras que las llamadas alternativas se interesan antes que nada por el paciente.

Tratamientos personalizados

Cuando el médico diagnostica una afección, una gripe por ejemplo, prescribe el tratamiento directo que combate esa enfermedad. De forma diferente, la medicina alternativa intenta descubrir por qué el paciente sufre la gripe y cómo se manifiesta esta enfermedad en su caso particular. Este examen del hombre en su totalidad, psíquica y somática, es uno de los principios claves de las medicinas alternativas. El médico estudia el *terreno* del enfermo, esto es, cómo resiste al entorno: el calor, el frío, el estrés y su predisposición a ciertas enfermedades. El principio en el que se basan es el hecho de que toda enfermedad nace del encuentro de un agente exterior, un virus, por ejemplo y un *terreno* receptor. Es pues, fundamental conocer a fondo este terreno para poder modificarlo, reequilibrarlo, hacerlo más resistente. Por esta razón, el médico toma rigurosa nota de los antecedentes familiares y clínicos de cada paciente.

seguimiento (m) *follow up*	malestar (m) *malaise*
prescrito *prescribed*	desarreglo (m) *disorder*
quirúgico *surgical*	clave *key* (adjective)
afección (f) *illness*	terreno (m) *sphere, ground*
radiografía (f) *x-ray*	a fondo *in detail*

(a)   How does the article define **enfermedades funcionales**?

(b)   How do traditional medicine and alternative medicine differ in the way they deal with health problems?

(c)   What does alternative medicine try to discover in relation to the patient?

(d)   What is the underlying principle behind alternative forms of therapy?

Consolidación

Write a dialogue between a patient and a doctor based on this situation. Then look at the model dialogue in the **Key to the exercises** and compare it with your own version.

Patient (Yourself)
You were jogging on the beach in the morning when you fell and twisted your wrist. Fortunately it is your left arm. But it is very painful and it is a little swollen. Ask the doctor whether he thinks it's broken.

Doctor
You greet the patient and ask what's wrong. After the patient explains the problem you examine him/her. Luckily, the wrist is not broken. You tell the patient you are going to put a bandage round the wrist. Say he/she'd better not move his/her left arm. You are sure he/she will feel better within three or four days.

Palabras y frases útiles	
hacer jogging *to jog*	el brazo izquierdo *left arm*
torcerse *to twist*	vendar *to bandage*
la muñeca *wrist*	

11

EL MUNDO QUE NOS RODEA

Objetivos

In this unit you will learn to:

- Ask and give opinions
- Agree and disagree
- Express relationships of cause and effect
- Speculate about what might happen
- Offer solutions
- Express unfulfilled conditions

Tema

The main focus of Unit 11, **El mundo que nos rodea** *(The world about us)*, is the environment. **Dialogue 1** touches briefly on the deterioration of the environment along the Spanish coast and its effect on tourism, while **Dialogue 2** looks at traffic problems and how they affect the quality of life in big cities like Madrid. Exercises and reading passages in the **Actividades** section consider other environmental and health problems such as smoking and the destruction of the ozone layer.

"Toma... Con el sol no hay que dejar la crema"

La capa de ozono está rota y a su piel llegan rayos ultravioletas que le pueden provocar cáncer u otras enfermedades, por daño acumulativo.
Evite tomar sol entre 12 y 16 hrs., aproximadamente, y use cremas protectoras de alto factor.

Diálogos

1 ¿A qué se debe?

En una entrevista con una periodista española, el director gerente de una cadena de hoteles menciona el deterioro del medio ambiente como una de las causas de la disminución del turismo en España.

Periodista   Señor Riveros, desde hace un par de años se viene dando en España un marcado descenso del número de turistas que nos visita. ¿A qué se debe cree Vd. esta disminución?

Sr. Riveros   Pues, creo que este descenso obedece a varios factores. Por un lado está el deseo natural de la gente de conocer otros lugares. Países como Grecia, México y algunas naciones de Asia, para nombrar sólo algunos, están gastando una buena cantidad de recursos en promover sus atracciones turísticas, con resultados bastante positivos. Por otro lado, la mayor conciencia ecológica de la población europea está haciendo que ésta mire hacia lugares más naturales, con menos contaminación, y sin las grandes aglomeraciones y el deterioro que se observa en nuestras costas.

Otra causa no menos importante es la económica. La crisis por la que han atravesado algunos países – el caso de Gran Bretaña por ejemplo es muy notorio – ha hecho que la gente limite más sus gastos de esparcimiento y vaya en busca de lugares que les resulten más favorables económicamente. España es hoy un país caro y si a esto agregamos la revalorización de la peseta, el resultado es que al turista extranjero no le favorece pasar sus vacaciones en nuestro país.

Periodista   Parece que se trata de una situación irreversible, ¿no cree Vd.?

Sr. Riveros   No, en eso no estoy de acuerdo. Pienso que se trata de una situación pasajera. Podría durar todavía uno o dos años más, pero creo que al final se estabilizará. Pero no nos podemos quedar de brazos cruzados. Habría que tomar medidas para mejorar algunos de los aspectos que he mencionado. Tendríamos que descontaminar nuestras playas y nuestro mar, habría que ajustar los precios de manera que España resulte más atractiva económicamente y, naturalmente, sería necesario mejorar la calidad de nuestros servicios. Si no hacemos nada, la situación difícilmente mejorará.

Periodista   Da la impresión de que las autoridades no han tomado muy en serio el problema. ¿No cree Vd.?

Sr. Riveros   Sí, en eso estoy absolutamente de acuerdo con Vd. A mi juicio, lo que está sucediendo en el sector turismo es también responsabilidad de las autoridades de gobierno, no sólo de los que trabajamos directamente en él.

---

medio ambiente (m) *environment*	esparcimiento (m) *entertainment*
¿A qué se debe? *What is it due to?*	revalorización (f) *revaluation*
director gerente (m) *general manager*	pasajero(a) *passing, temporary*
cadena (f) *chain*	Con los brazos cruzados. *Twiddling*
Se viene dando un descenso. *There has been a decrease.*	*one's thumbs.*
obedecer a . . . *to be due to . . .*	tomar medidas *to adopt measures*
recursos (m pl) *resources*	ajustar *to adjust*
atravesar *to go through*	A mi juicio . . . *In my opinion . . .*

❋ Notas explicativas

Notice the use of the present subjunctive in

Está haciendo que ésta **mire**   *It is making them look*
hacia . . .   *towards . . .*

Ha hecho que la gente **limite** . . .	*It has made people limit . . .*
Lugares que les **resulten** más favorables . . .	*Places which may be more favourable . . .*
De manera que **resulte** más atractivo.	*So that it may be more attractive.*

Ejercicio de comprensión 1

Write a summary in English of the main points in the dialogue in approximately 50–80 words.

2 ¿Cuál es su opinión?

Uno de los problemas que preocupa a los españoles, como a otros europeos, es el excesivo aumento del tráfico en las grandes ciudades. Esta es la opinión de una madrileña sobre este tema.

Entrevistador	Señora, buenos días. Estamos haciendo un estudio sobre los problemas del tráfico en las grandes ciudades españolas. ¿Cuál es su opinión al respecto?
Señora	¿Cómo dice? Con el ruido del tráfico no le oigo nada.
Entrevistador	He dicho que estamos realizando un estudio sobre los problemas del tráfico en las grandes ciudades y me gustaría conocer su opinión.
Señora	Pues, ¡qué quiere que le diga! Que el tráfico en Madrid es insoportable. Aquí ya no se puede vivir. Hay cada vez más coches y más ruido.
Entrevistador	¿Estaría de acuerdo Vd. en que se limitara de alguna manera el acceso de vehículos privados al centro de la ciudad?
Señora	Desde luego. Creo que se debería favorecer más al transporte público. Si se hubiera hecho antes hoy no tendríamos este problema. Madrid sería una ciudad más limpia y con menos ruido.

---

preocupar *to worry*	insoportable *unbearable*
ruido (m) *noise*	Cada vez más. *More and more.*
¡Qué quiere que le diga! *What can I say!*	desde luego *certainly*

✳ Notas explicativas

> Si se **hubiera hecho** antes
> hoy no tendríamos este
> problema.

*If it had been done before, today
we wouldn't have this problem.*

The first verb form, **hubiera hecho**, is that of the pluperfect subjunctive. This is followed here by the conditional tense, **no tendríamos** *(we wouldn't have)*. An explanation of this will be found in **Notas gramaticales**.

Ejercicio de comprensión 2

Answer the following questions in Spanish.

(a)   ¿Qué opina la señora sobre el tráfico en Madrid?

(b)   Según ella, ¿cuál sería la solución para resolver el problema del tráfico?

(c)   ¿Cómo favorecería a Madrid esta solución?

🔑 — Frases y expresiones importantes —

Asking and giving opinions

¿Cuál es su opinión?	*What is your opinion?*
Me gustaría conocer su opinión.	*I'd like to know your opinion.*
¿No cree Vd.?	*Don't you think so?*
Creo que . . .	*I think (that) . . .*
Pienso que se trata de . . .	*I think it is . . .*
A mi juicio . . .	*In my opinion . . .*

Other ways of asking and giving opinions

¿Qué opina Vd.? *What do you think?*
¿Qué te parece esto? *What do you think of this?*
Opino que . . . *I think that . . .*

Me parece que . . . *It seems to me that . . .*
Considero que . . . *I consider that . . .*
A mi parecer *In my opinion*

Agreeing and disagreeing

¿Estaría Vd. de acuerdo?   *Would you agree?*
Estoy de acuerdo.   *I agree.*
No estoy de acuerdo.   *I don't agree.*

Other ways of expressing agreement and disagreement

¡De acuerdo! *Right, O.K., all right!*
¿Vale? (familiar) *Is that all right?,*
  O.K.?

¿Vale? (familiar) *All right!, O.K.!*

Expressing relationships of cause and effect

¿A qué se debe . . .?   *What is it due to?*
Se debe a . . .   *It is due to . . .*
Obedece a . . .   *It is due to . . .*

Other ways of expressing relationships of cause and effect

¿Cuál es la causa/la razón/el motivo
  (de . . .)? *What is the reason for . . .?*

La causa/razón/motivo es . . . *The
  reason is . . .*

Speculating about what might happen

Podría durar uno o dos años
  más.

*It could last another one or two
  years.*

Madrid sería una ciudad más
  limpia.

Madrid would be a cleaner city.

Offering solutions

Habría que (plus the
  infinitive) . . .

One would have to . . .

Tendríamos que (plus the
  infinitive) . . .

We would have to . . .

Sería necesario (plus the
  infinitive) . . .

It would be necessary to . . .

Other ways of offering solutions

La solución sería (plus the infinitive)
  The solution would be to . . .
Podríamos (plus the infinitive) . . . *We
  could . . .*

Se podría (plus the infinitive) . . . *One
  could . . .*

Expressing unfulfilled conditions

Si se hubiera hecho antes,
hoy no tendríamos este
problema.

*If it had been done before today we
wouldn't have this problem.*

 ——————— **Notas gramaticales** ———————

1 The pluperfect subjunctive in unfulfilled conditions

The sentence: **Si se hubiera hecho antes, hoy no tendríamos este problema** *(If it had been done before today we wouldn't have this problem)*, expresses an unfulfilled condition *(it was not done before)*. The verb in the if-clause is in the pluperfect subjunctive (**hubiera hecho**) while the verb in the main clause is in the conditional (**tendríamos**).

Formation

The pluperfect subjunctive is formed with the imperfect subjunctive of **haber** (for the formation of the imperfect subjunctive see Unit 9) followed by a past participle (for past participles see Unit 8). Remember that the imperfect subjunctive has two alternative endings, **-ra** or **-se**. Here is an example of a verb in the pluperfect subjunctive tense.

hubiera/hubiese hablado	*I would have spoken*
hubieras/hubieses hablado	*you would have spoken* (familiar)
hubiera/hubiese hablado	*he/she/you would have spoken*
hubiéramos/hubiésemos hablado	*we would have spoken*
hubierais/hubiesen hablado	*you would have spoken*
hubieran/hubiesen hablado	*they/you would have spoken*

2 The pluperfect subjunctive and the perfect conditional

In unfulfilled conditions, the verb in the main clause is normally in the perfect conditional, which is formed with the conditional of **haber** (see Unit 8 for the conditional tense) followed by a past participle. Here is an example:

Si se hubiera hecho algo, la
situación **habría
cambiado**.

*If something had been done, the
situation would have changed.*

Nota: In this type of sentence, the perfect conditional may be replaced by the pluperfect subjunctive.

Si se hubiera hecho algo, la situación **hubiera cambiado**.

If something had been done, the situation would have changed.

Repaso

Express unfulfilled conditions

Example:

Subieron los precios. Disminuyó el turismo.
Si no hubieran subido los precios no habría disminuido el turismo.

Nota: To get the right form of the past participle, look up the verbs in your dictionary to see whether they belong to the 1st (**-ar**), 2nd (**-er**) or 3rd (**-er**) conjugation.

(a) Perdí mi trabajo. No fui a España.

(b) No teníamos dinero. No pudimos viajar.

(c) Aumentaron los precios. Descendió el turismo.

(d) No encontraron plaza en el avión. Tuvieron que esperar otro vuelo.

Actividades

1 More and more people are concerned about the environment and their health these days. Take for example, smoking or the destruction of the ozone layer to mention just two. Imagine you are being interviewed on the subject of smoking. Write the answers to these questions.

Pregunta   Son cada vez más las personas que piensan que debería prohibirse fumar en todos los lugares públicos. ¿Está Vd. de acuerdo?

Vd.   *(Yes, you agree with that completely. You think people should not be allowed to smoke in public places. People who disagree with this think only of themselves. It is a well-known fact that many deaths are due to cigarette smoking.)*

Pregunta ¿Estaría Vd. de acuerdo entonces en que se prohibiera la publicidad al tabaco?

Vd. *(Certainly. Cigarette advertising should have been banned long ago. If it had been done earlier many deaths would have been avoided. It would also be necessary to educate people, specially the young so that they don't take up smoking.)*

Palabras y frases útiles

fumar *to smoke*	tabaquismo (m) *cigarette smoking*
permitir *to allow*	prohibir *to ban*
pensar en *to think of*	evitar *to avoid*
un hecho muy conocido *a well-known fact*	jóvenes (m pl) *the young*
muerte (f) *death*	empezar a *to take up*

---

2 Pollution is a serious problem in some Latin-American cities. To reduce pollution, the Chilean local authorities in Santiago have given these recommendations to the public. Read them through and then answer the questions below.

Cuando usted camina está descontaminando. Si observa las siguientes recomendaciones contribuirá aún más en la tarea de limpiar la ciudad:

- Si tiene que recorrer distancias cortas, prefiera caminar. **Sus pies no contaminan.**
- Cruce las calles sólo en las esquinas y respete la señalización. El tránsito será más expedito y menos contaminante y su seguridad personal también será mayor.
- Suba y baje de las micros en los paraderos y exhorte a los choferes y pasajeros a respetar esta norma.
- Si tiene que tomar un medio de locomoción, prefiera el Metro.
- No suba a las micros que ostensiblemente contaminan.
- Utilice la bicicleta que tampoco contamina. **Respete las normas de seguridad.**

recorrer *to cover (distance)*
expedito *clear*
micro (m f) *bus (Chile)*
chofer (m) *driver (Chile)*
medio de locomoción (m) *means of transport*

(a) What are people advised to do when covering short distances?

(b) What means of transport is recommended?

(c) Why are people advised not to use buses?

3 The following passage considers the greenhouse effect (**el efecto invernadero**) caused partly by the destruction of the ozone layer (**la capa de ozono**). Read the passage first, then translate it into English.

EL AGUJERO DE OZONO, MAS GRANDE

La falta de ozono es también una de las causas del llamado 'efecto invernadero', que está provocando el calentamiento de la Tierra.

'No creo que los seres humanos puedan sobrevivir sin una capa de ozono, y sin ella la cantidad de radiaciones ultravioleta que llegaría del espacio a la Tierra destruiría la mayor parte de las formas de vida tal como las conocemos', explicó el director de la división de ciencias aplicadas para la Tierra de la NASA, Shelby Tilford.

El ozono también influye sobre la temperatura de las capas superiores de la atmósfera. Sin el ozono, los patrones de lluvia cambiarían drásticamente junto a otros aspectos esenciales del clima terrestre, lo que afectaría a las cosechas agrícolas y a la vida acuática.

Los científicos informaron por primera vez acerca de la formación del agujero en la capa de ozono sobre la Antártida en 1985. El hueco ha ido agrandándose paulatinamente. Los científicos opinan que el agujero en el ozono sobre la Antártida, que aparece por esta época del año, es una clara evidencia de que la contaminación causada por el hombre está dañando la atmósfera. Si esta tendencia continúa, se puede prever una alta incidencia de los casos de cáncer en la piel, daños en las cosechas y en las aguas.

(Diario Ya, España)

calentamiento (m) *warming*	agujero (m) *hole*
Tierra (f) *Earth*	hueco (m) *hole*
patrón (m) *pattern*	agrandarse *to enlarge*
cosecha (f) *crop, harvest*	paulatinamente *gradually*

4 ¡A escuchar!

El impacto del automóvil a commentary from *Radio Nacional de España* considers the social impact of cars in Spain today. The number of cars on the road is causing serious problems, not just to do with traffic but also pollution. Car manufacturers, however, are spending millions of pesetas to try to increase their sales. There are three exercises for you to do based on a section of this programme from *Radio Nacional*:

(a) First, listen to a commercial from a car manufacturer if you have the cassette, or alternatively, read the transcript on page 203, and explain in English what the commercial is offering prospective buyers.

(b) Listen to the commentator talking about a European programme called *Európolis*, or read the transcript on page 203, and explain in English what problems it intends to solve. Here are some key words:

trazado (m) *layout*	nerviosismo (m) *irritability, tension*
embotellamiento (m) *traffic jam*	

(c) What does the commentator say about the use of computers in cars? Before you answer look at these key words:

ordenador (m) *computer*	más de la cuenta *too much*
avería (f) *fault*	computadora (f) *computer*
voz (f) *voice*	

5 This passage looks at pollution in Mexico City, one of the largest cities in the world. Before you read it through, look at these key words, then answer these questions:

desmedido *excessive*	atroz *terrible*
echar humo *to throw smoke*	hongo (m) *mushroom*
combustible (m) *fuel*	plomo (m) *lead*
furgoneta (f) *van*	alojarse *to get into something*
colocado *placed*	aprendizaje (m) *learning*
no es para menos *little wonder*	por encima *above*
peligroso *dangerous*	impedir *to prevent, stop*

(a)   ¿Qué significado tiene la frase 'se paga un alto precio por un desarrollo basado en echar humo como símbolo de progreso'?

(b)   ¿Cuál es la principal causa de la contaminación en la Ciudad de México?

(c)   ¿Por qué se aplicó el Programa de Contingencias Ambientales en febrero?

(d)   ¿Qué es el programa *Hoy no circula*?

MÉXICO LINDO, QUERIDO Y CONTAMINADO

En la capital es casi imposible respirar. La enorme polución provoca graves enfermedades y obliga a las autoridades a tomar duras medidas para atajarla.

Guadalupe Irizar, México: La capital de México lucha desesperadamente por ser un lugar habitable. Descrita hace años por los escritores Alfonso Reyes y Carlos Fuentes como 'la región más transparente', México Distrito Federal (D.F.) es hoy una de las ciudades más pobladas del planeta – entre 15 y 20 millones de habitantes – y, quizá, la más contaminada.

Sometida a un crecimiento desmedido en las últimas décadas, la capital del país sufre ahora las consecuencias de una polución incontrolada. Paga un alto precio por un desarrollo basado en echar humo como símbolo de progreso y sufre los efectos de la centralización económica, el abandono del campo y la consiguiente inmigración desde todo el país.

La contaminación atmosférica del área metropolitana está provocada por el consumo de 27 millones de litros de combustible al día. Una cantidad que pone en marcha más de 30.000 industrias, 12.000 establecimientos de servicio, aproximadamente 2,5 millones de automóviles particulares y cerca de 170,000 vehículos de transporte público (taxis, furgonetas, microbuses, autobuses urbanos, trolebuses y metro). Esta situación ha colocado a sus habitantes en permanente estado de alerta.

No es para menos. En el mes de febrero, los indices de contaminación por ozono alcanzaron porcentajes peligrosos durante varios días – entre 250 y 350 puntos imeca (Indice Metropolitano de Calidad del Aire) cuando el nivel satisfactorio es de 0 a 100 –. Indices tan dañinos que obligaron al Gobierno en tres ocasiones a aplicar el denominado Programa de Contingencias Ambientales en su primera fase. Esta fase incluye la reducción de un 30 por ciento de la actividad industrial, reducción del 50 por ciento de la circulación de vehículos oficiales, agilización del tráfico y suspensión de las tareas de asfaltado, pintura y reparación de calles.

El ozono, un gas que produce irritación en los ojos y en las vías respiratorias, no es, sin embargo, el único elemento contaminante peligroso. Para el escritor mexicano Homero Aridjis 'mucho más peligrosas y graves son las partículas suspendidas totales, sobre las que las autoridades no informan'. Es decir, las partículas fecales y metálicas (como las de plomo) que se alojan en el organismo, sobre todo en aquellas personas que permanecen en zonas industriales.

La Administración tiene asignado un presupuesto de 4.500 millones de dólares para realizar programas contra la contaminación para el periodo 1990–1994. Se han establecido cinco líneas estratégicas para actuar. En ellas se contemplan iniciativas como organizar sistemas de educación ambiental, promocionar la participación ciudadana y llevar a cabo planes de modernización industrial.

Limitar los coches. Se plantea, asimismo, le mejora del transporte colectivo, de la calidad de los combustibles y la reducción del transporte individual. En este sentido se ha creado el programa Hoy no circula, que impide a los particulares utilizar su coche por la ciudad un día a la semana. También se ha iniciado un programa de restauración ambiental del valle de México.

(Cambio 16 América, Nº 1.059)

—— Consolidación ——

You are having a holiday in a seaside resort in a Spanish-speaking country. It is a beautiful place, but you are alarmed by the way people throw litter on the beach. You decide to write a letter to the local newspaper about this. (a) Say you are a foreign tourist and explain why you are writing; (b) say you think the authorities should show more concern about the environment and install litter bins on the beach. The beach should be cleaned everyday, because otherwise the litter is going to contaminate the sea; (c) say that if this is not done, tourists are going to stop coming and this is going to affect the economy of the town; (d) say you hope that the authorities and the public will read your letter and will do something about it.

Palabras y frases útiles

el/la turista extranjero a *foreign tourist*
tirar *to throw*
la basura *rubbish*
las autoridades *authorities*
instalar *to install*
los cubos de basura/basureros
 rubbish bins

en caso contrario *otherwise*
contaminar *to contaminate*
dejar de venir *to stop coming*
afectar la economía *to affect the
 economy*

12

ELLOS Y ELLAS

Objetivos

In this unit you will learn to:

- Express comparisons
- Express probability
- Refer to contrasting ideas

Tema

Unit 12 focuses on men and women and their new roles in Spanish society. It also looks at population and birth rate figures in different regions of Spain. A brief passage is also included which gives information about the growth of the Hispanic population in the United States.

Diálogos

1 Tan modernos como los demás

Una periodista entrevista a un hombre español sobre el tema del machismo.

Periodista	Pepe, a menudo se oye decir que el hombre español es más machista que los europeos del norte. ¿Estás de acuerdo con esta apreciación?
Pepe	Bueno, del tema del machismo se ha hablado mucho y se han escrito muchas cosas, pero fundamentalmente, creo yo, éste es un concepto que en las generaciones jóvenes tiene cada vez menos importancia. Con esto no quiero decir que el problema esté superado. Aún quedan muchas situaciones de desigualdad hombre-mujer que sería necesario resolver. Pero eso también es cierto de otras sociedades europeas.
Periodista	¿Qué pasa dentro del hogar, por ejemplo? ¿Comparte el hombre español las labores domésticas?
Pepe	Hoy en día, creo que sí, aunque no mayoritariamente. Depende mucho de la edad de las personas y del medio social. Pero entre la gente joven no cabe duda de que ha habido un cambio de actitud. El hombre ayuda a fregar los cacharros, a hacer la compra, a cuidar de los hijos. Es lo que yo he podido observar. En eso creo que somos tan modernos como los demás.

---

estar superado *to be over*
hogar (m) *home*
machismo *social attitudes which discriminate against women in favour of men*

labores domésticas (f) *housework*
fregar los cacharros *to do the washing up*
superado *solved*

Notas explicativas

Notice the comparative form:

> **Tan** modernos **como** los demás.   *As modern as the rest.*

More on comparatives in **Notas gramaticales**.

Ejercicio de comprensión 1

Write a summary in English of about 50–80 words of the main ideas presented by Pepe in Dialogue 1.

2 La mujer en la sociedad española

Un periodista entrevista a una dirigente feminista española.

Periodista   En su opinión, ¿cuáles han sido los cambios más importantes en lo que respecta a la situación de la mujer en la sociedad española?

Dirigente   A nivel general, yo diría que el cambio fundamental ha sido el abandono, por parte de la mujer, del papel netamente pasivo que la sociedad le había asignado, y su incorporación activa a la vida económica y social del país. A nivel más específico, creo que la principal transformación se ha dado dentro del área de la educación. La mujer española se ha incorporado masivamente al sistema educativo. Más de la mitad de los estudiantes de bachillerato son de sexo femenino, y en educación superior el porcentaje de participación femenina llega casi al 50 por ciento. Sin embargo, todavía persisten diferencias en lo que respecta a la elección del tipo de estudios a seguir. La mujer aún se inclina por las profesiones consideradas tradicionalmente femeninas, mientras que en las carreras de carácter técnico se nota un claro predominio del hombre.

Periodista   ¿Qué posibilidades hay de que este desequilibrio cambie en el futuro?

Dirigente   Bueno, de hecho ya está cambiando, pero es necesario que se dé una orientación profesional más adecuada y que las universidades y otras instituciones de educación superior entreguen más información sobre las carreras técnicas que actualmente ofrecen. De esta manera, es probable que se llegue a un mayor equilibrio, puesto que la mujer es tan capaz como el hombre de desempeñarse en cualquier área de la ciencia o la tecnología. En el campo de la informática, por ejemplo, se viene apreciando un notable aumento del elemento femenino.

Periodista   ¿Cómo ve Vd. la situación de la mujer en el campo laboral?

Dirigente   A mí me parece que aquí aún existen fuertes desajustes que es necesario rectificar. Por un lado, ha habido un crecimiento de la población activa femenina, frente a una reducción de la masculina. No obstante, el paro ha afectado más a la mujer que al hombre, con las consiguientes frustraciones para aquellas mujeres que desean trabajar, muchas de ellas jóvenes, pues no hay que olvidar que la problación activa femenina es más joven que la masculina.

Periodista   ¿Qué repercusiones ha tenido en el ámbito familiar este nuevo papel que ha asumido la mujer?

Dirigente   Bueno, el cambio más importante ha sido, sin duda, el descenso de la tasa de natalidad. En casi dos décadas, el número medio de hijos por mujer ha bajado ostensiblemente. En 1974, por ejemplo, era de 2,8. Hoy, en cambio, sólo alcanza al 1,7 y probablemente seguirá descendiendo.

Periodista   Se dice que uno de los campos donde la mujer española ha tenido más dificultades para integrarse ha sido el de la política. ¿A qué se debe, cree Vd., esta situación?

Dirigente   A mi juicio, los partidos políticos, especialmente los más tradicionales, no se han preocupado lo suficiente de los problemas que afectan a la población femenina. Además, las dificultades con que la mujer se enfrenta para iniciar una carrera política son tales, que muchas desisten de hacerlo. Pero aquí también ha habido cambios trascendentales, y en los últimos años, frente a las presiones del elemento femenino dentro de los partidos, hemos visto cómo la mujer se ha venido abriendo camino y ocupando cargos de gran responsabilidad política. Probablemente, esta situación seguirá mejorando.

En lo que respecta a . . . *As regards . . .*
papel (m) *role*
bachillerato (m) *secondary school*
educación superior (f) *higher education*
carrera (f) *career*
desequilibrio (m) *imbalance*
Tan capaz como . . . *As capable as . . .*
desempeñarse *to perform*
de hecho *in fact*

informática (f) *computer science*
desajuste (m) *imbalance*
paro (m) *unemployment*
consiguiente *resulting*
población activa (f) *working population*
En el ámbito familiar. *Within the family.*
tasa de natalidad (f) *birth rate*
número medio (m) *average number*
abrirse camino *to force one's way*

Notas explicativas

(a)   Notice the use of the gerund after **venir** *(to come)*, to refer to an action which increases gradually with time:

Se **viene apreciando** un notable aumento del elemento femenino.

A considerable increase in the number of women is being observed.

PERCEPCION DE LA DISCRIMINACION DE LA MUJER EN EL MUNDO DEL TRABAJO

%	Las mujeres tienen más, igual o menos oportunidades de trabajo			Las mujeres están mejor, igual o peor pagadas que los hombres		
	Más	Igual	Menos	Mejor	Igual	Peor
Sexo						
Varones	10	46	41	2	44	44
Mujeres	8	41	45	1	35	54
Edad						
De 18 a 25 años	7	46	45	1	48	45
De 26 a 40 años	9	38	50	2	35	57
De 41 a 50 años	9	48	39	1	39	54
De 51 a 60 años	10	45	39	3	38	48
Más de 60 años	8	43	36	2	38	40
Nivel de educación						
Menos de primarios	12	45	33	3	37	43
Primarios	8	45	43	2	41	49
Bachillerato	7	43	48	—	42	53
Superiores	7	32	60	3	34	58

PERCEPCION DE LA DISCRIMINACION DE LA MUJER EN LA EDUCACION

(Las mujeres tienen más, igual o menos oportunidades de acceder a estudios universitarios)

%	Más	Igual	Menos	NS/NC	Total
Sexo					
Varones	3	79	12	6	100
Mujeres	2	74	15	9	100
Edad					
De 18 a 25 años	4	79	15	2	100
De 26 a 40 años	2	76	16	6	100
De 41 a 50 años	3	79	13	5	100
De 51 a 60 años	2	78	11	9	100
Más de 60 años	2	70	13	15	100
Nivel de educación					
Menos de primarios	2	70	13	15	100
Primarios	3	77	15	5	100
Bachillerato	2	83	12	3	100
Superiores	4	75	17	4	100

| La mujer se **ha venido abriendo** camino y ocupando cargos de gran responsabilidad política. | *Women are steadily forcing their way and occupying positions of great political responsibility.* |

(b)   Notice the use of the pluperfect tense, **había** with the past participle, in:

| El papel que la sociedad le **había asignado.** | *The role that society had assigned to her.* |

More on the pluperfect tense in **Notas gramaticales**.

Ejercicio de comprensión 2

Answer the following questions in English.

(a)   What percentage of secondary school students are women?

(b)   Which studies do women tend to choose?

(c)   What has happened in computing with regard to the recruitment of new students?

(d)   What contradiction does the feminist leader see when it comes to comparing the female and male working populations?

(e)   How does the female working population compare with the male one in terms of age?

(f)   What effect has the increase in the female workforce had on the family?

— Frases y expresiones importantes —

Expressing comparisons

| La población activa femenina es más joven que la masculina. | *The female working population is younger than the male one.* |
| La mujer es tan capaz como el hombre. | *Women are as capable as men.* |

Further comparisons

menos que *less than*
en comparación con *in comparison with, compared with*

frente a *in comparison with, compared with*
mientras que *whilst*

Expressing probability

Es probable/posible que se llegue a un mayor equilibrio.

It is possible that a greater balance may be reached.

Probablemente/posiblemente seguirá descendiendo.

It will probably continue to fall.

More probability

es improbable *it is improbable, unlikely*

es poco probable *it is not very likely*
quizá(s), tal vez, a lo mejor *perhaps*

Referring to contrasting ideas

. . . el porcentaje de participación femenina llega casi al 50%. Sin embargo, todavía persisten diferencias . . .

. . . the percentage of women's participation has reached almost 50%. However, there are still differences . . .

. . . ha habido un crecimiento de la población activa femenina, frente a una reducción de la masculina. No obstante, el paro ha afectado más a la mujer que al hombre.

. . . there has been an increase in the female working population as opposed to a decrease in the male one. Nevertheless, unemployment has affected women more than men.

Further reference to contrasting ideas

aunque *although, though, even though*

a pesar de *in spite of*
pese a *despite*

Notas gramaticales

1 The pluperfect tense

The Spanish pluperfect tense (e.g. La sociedad le **había asignado** . . .) is equivalent to the English pluperfect (e.g. Society *had assigned* to her . . .). It is formed with the imperfect form of **haber** (**había, habías, había, habíamos, habíais, habían**) followed by a past participle which is does not change (for the formation of past participles see Unit 8).

> La sociedad le **había asignado** un papel netamente pasivo.

> *Society had assigned to her a purely passive role.*

2 Comparisons

Positive comparison

> La población activa femenina es más joven que la masculina.

> *The female working population is younger than the male one.*

Negative comparison

> La mujer hispanoamericana es menos liberal que la española.

> *Spanish-American women are less liberal than Spanish women.*

Comparison of equality

> La mujer es tan capaz como el hombre.

> *Women are as capable as men.*

Repaso

Translate the following sentences into Spanish.

(a) She said she had not been offered the job because she was not as well qualified as the rest of the applicants.

(b) Although she is as capable as her male colleagues and works harder than them, her salary is lower than theirs.

(c) He was much older than her and had been married before. He had divorced his previous wife after three years of marriage.

el puesto/trabajo *job*	el sueldo *salary*
estar capacitado/a *to be qualified*	divorciarse *to divorce*
los colegas varones *male*	el matrimonio *marriage*
colleagues	el/la aspirante *applicant*

Actividades

1 Study again the interview with the feminist leader and then reconstruct this passage in which some of the words have been omitted. (The missing words are not in **Key to the exercises**. See Dialogue 2.)

Periodista En su opinión, ¿cuáles _____ sido los cambios más _____ en lo que respecta _____ la situación de la _____ en la sociedad española?

Dirigente A nivel general, yo _____, que el cambio fundamental _____ sido el abandono, por _____ de la mujer, del _____ netamente pasivo que la _____ le había asignado y _____ incorporación activa a la _____ económica y social del _____. A nivel más específico, _____ que la principal transformación _____ ha dado dentro del _____ de la educación. La _____ se ha incorporado masivamente _____ sistema educativo.

2 ¡A escuchar!

Entrevista con Teresa Morales, 27 años: Teresa Morales talks to a journalist of a Spanish magazine about her life with Paco, her husband. Listen to the interview, if you have the cassette, or alternatively, read the transcript on page 204 and then answer the questions which follow. First, study these key words and phrases.

¿Cómo os arregláis? *How do you*	Camino de casa. *On the way home.*
manage?	guisar *to cook*
tareas del hogar (f) *housework*	fregar los platos *to wash up*
limpieza (f) *cleaning*	labores compartidas *shared work*
eludir *to avoid*	pareja (f) *couple*
asistenta (f) *charwoman*	ajustes (m) *adjustments*
planchar *to iron*	

¿Verdadero of falso?

(a) Teresa y Paco llevan pocos años de casados.

(b) La limpieza del piso la hace Teresa.

(c) La comida la prepara Paco.

(d) La asistenta friega los platos.

(e) Teresa y Paco no funcionan bien como pareja.

(f) Según Teresa, cuando vengan los hijos no habrá mayores cambios.

3 Complete these sentences with the appropriate word or phrase.

La mujer española ha avanzado enormemente en la lucha por sus derechos, (**pese a/en cambio/sin embargo**) todavía persisten situaciones de discriminación. Es así como, (**aunque/a pesar de/mientras que**) la incorporación masiva de la mujer al sistema educativo, ésta sigue inclinándose por las carreras tradicionales. En el campo laboral también ha habido grandes avances, (**no obstante/pese a/en cambio**) la mujer todavía tiene dificultades para acceder a puestos superiores. En el resto de Europa, (**en cambio/aunque/a pesar de**), el progreso ha sido más rápido, (**mientras que/pese a/aunque**) ello no significa que se haya acabado con la discriminación.

4 Read the passage overleaf in which the birth rate in different regions of Spain is compared in general terms, and answer the questions.

La familia española, cada vez menos numerosa.

LAS DOS ESPAÑAS

'España es tan diferente en sus partes como Chipre de Grecia o Noruega de Finlandia', afirmó el demógrafo Joaquín Arango.

Según Arango, existen dos Españas. La primera es la de la zona centro-norte, con mínimos de fecundidad, que aún siguen descendiendo, en especial en Cataluña, en niveles similares o incluso inferiores a los de los países nórdicos europeos. El descenso de la fecundidad es más leve en el centro que en el norte. La segunda España es la del sur-sudeste donde se dan altos niveles de fecundidad, semejantes a los de países mediterráneos como Portugal, Grecia y Chipre.

(Diario El País, España)

Chipre *Cyprus*	incluso *even*
Noruega *Norway*	leve *slight*
fecundidad (f) *fertility*	semejante *similar*

¿Verdadero o falso?

(a)   En la región centro-norte las mujeres tienen más hijos que en la zona sur-sudeste de España.

(b)   En los países del norte de Europa el nivel de fecundidad es superior al de la zona sur-sudeste de España.

(c)   En el centro de España el nivel de fecundidad no es tan bajo como en el norte.

(d)   En Portugal, Grecia y Chipre, las mujeres tienen tantos hijos como en la zona sur-sudeste de España.

5   The article and chart (on page 180) which follow look at the results of a census which took place in Spain in 1991. Present population figures are compared with those of 1981, the year of the previous census. As you read the article answer the following questions.

(a)   ¿Qué crecimiento experimentó la población española entre 1981–1991?

(b)　¿Cuál fue la región de mayor crecimiento en toda España?

(c)　¿Qué ha ocurrido en Cataluña en lo que respecta a población?

(d)　¿A qué se ha debido el éxodo de habitantes de Madrid?

SOMOS 38,5 MILLONES DE ESPAÑOLES

Según los datos del último censo de población que está ultimando el Instituto Nacional de Estadística, INE, España tiene 38.425.679 de habitantes.

Esto pone de manifiesto el bajo crecimiento que ha tenido la población desde 1981, año en que se realizó el anterior censo. Anualmente se ha incrementado la población – nacimientos menos defunciones – en poco más de 74,000 personas, ya que esta década hay 743.679 españoles más, es decir, la población ha crecido un 1,97 por 100.

Sin embargo, lo que se ha venido produciendo es una reubicación de unas regiones a otras. Galicia ha perdido algo más de cien mil habitantes en este período, el 3,63 por 100 de su población. Asturias, País Vasco, Castilla y León, Aragón y Extremadura también han visto descender su población. Y mientras unas regiones dan, otras reciben. Murcia tuvo el mayor crecimiento de toda España, un 8,04 por 100, seguido de Baleares con un 7,14 por 100 y 48.861 ciudadanos más.

Andalucía, Canarias, Valencia, Madrid, La Rioja, Cantabria y Navarra también tuvieron aumentos en su población. Mientras que en Castilla-La Mancha y Cataluña se quedaron prácticamente igual, con unos incrementos mínimos. Por ciudades, Madrid sigue a la cabeza en número de residentes, con 2.209.792, aunque ha perdido en diez años 249.026 habitantes. De esta reducción es culpable los altos precios de la vivienda: muchos madrileños buscan residencia en los municipios cercanos.

Barcelona es la segunda ciudad, con 1.623.542 habitantes. A continuación, Valencia con 752.909 habitantes y Sevilla con 659.126.

(Diario Ya, España)

---

poner de manifiesto *to show, reveal*	a la cabeza *ahead*
defunción (f) *death*	municipio (m) *town, district*
reubicación (f) *relocation*	

Las seis mayores ciudades [1981] [1991]

Ciudad	1981	1991
Madrid	3.158.818	2.909.722
Barcelona	1.752.627	1.623.542
Valencia	744.748	752.909
Sevilla	645.827	659.126
Zaragoza	571.855	586.219
Málaga	502.232	512.136

7.043.654
Seis mayores ciudades

81,5%

31.382.024
Resto de España

**Población total española:
38.425.679 habitantes**

Fuente: Avance del Censo 1991

GUSTAVO HERMOSO

(Diario El País, España)

6 The Hispanic population in the United States increased by more than 50 per cent in the years 1980–90. The passage which follows considers the results of the 1990 census, with particular reference to the minority groups. Read it through and then translate it into English.

POBLACIÓN HISPANA EN EE.UU. AUMENTA MÁS DE 50 POR CIENTO

En la década de 1980 la población de origen iberoamericano en Estados Unidos creció más de 50 por ciento, la de origen asiático se duplicó y uno de cada cinco norteamericanos es miembro de una minoría étnica, según el censo.

La principal minoría continúa siendo la de los negros, o afronorteamericanos. Pero el pronunciado crecimiento de la población hispana, o iberoamericana, y asiática consignado en el censo de 1990 indica una diversificación étnica que tendrá profundas consecuencias políticas y sociales en el próximo siglo.

De los 248,7 millones de habitantes de Estados Unidos, más de 49 millones se identifican como integrantes de una minoría étnica.

Treinta millones son negros y 22,4 millones hispanos. Pero mientras el número de afronorteamericanos creció 13 por ciento en la última década, el de iberoamericanos se incrementó 53 por ciento.

(Diario Los Tiempos, Cochabamba, Bolivia)

iberoamericano *Latin-American*	integrante (m) *member*

Consolidación

Translate the following passage into Spanish.

La razón por lo cual las mujeres no habría lucha

The reason why Spanish women had not fought for their rights, as women in other European countries had done, was that the political situation under the Franco regime did not encourage this type of activity. Later, during the period of transition to democracy, all the frustrations and aspirations that had built up over the years, led to substantial changes which allowed Spanish women to find their right place in society.

In spite of the inequalities which still persist, Spanish women today are more independent and have better opportunities than before.

luchar por los derechos *to fight for one's rights*	conducir a *to lead to*
régimen (m) *regime*	su lugar apropiado *their right place*
estimular *to encourage*	desigualdades (f) *inequalities*
durante años *over the years*	persistir *to persist*

Las mujeres españolas no han luchado por los derechos como las mujeres de otro países europeas porque la situación política bajo el régimen de Franco no ha estimulado este tipo de actividad.

KEY TO THE EXERCISES

Unit 1

Ejercicios de comprensión 1 (a) He doesn't have to waste time going from one end of the city to the other by car and he doesn't have fixed working hours. (b) He is quite disciplined. (c) He sits in front of his computer. (d) His family and friends know his habits well and they never call him in the morning, unless it is something important. (e) His friends often come to visit him at home and they listen to music, they have a few drinks, they talk . . . Sometimes they go to the cinema or eat out. **2** (a) Difícilmente puedo hablar. (b) Ya que. (c) A eso de. (d) Tardaría mucho tiempo. (e) No está nada mal. (f) Lo que pasa es que. (g) Tomar una copa. (h) De vez en cuando. **3** See Dialogue 3 for answers.

Repaso 1 me despierto/me levanto/ me ducho/desayuno/salgo/voy/cojo/ vuelvo/almuerzo/me marcho/voy/ juego/doy/me acuesto **2** trabaja/se despierta/se levanta/se ducha/ desayuna/sale/va/coge/vuelve/almuerza/se marcha/va/juega/da/se acuesta

Actividades 1 (a) ¿A qué hora sales de casa? Normalmente salgo a las ocho y media. (b) ¿Y cómo vas al trabajo? Voy en el metro. (c) ¿A qué hora llegas a la oficina? Generalmente llego entre las nueve menos diez y las nueve. (d) ¿Y qué haces por la mañana? Pues, abro la correspondencia, la leo y la clasifico, escribo las cartas que me dicta mi jefe, recibo a los clientes de la empresa y fijo citas con el gerente, contesto el teléfono, asisto a reuniones . . . (e) ¿A qué hora y dónde almuerzas normalmente? Normalmente almuerzo a la una y media con algunos compañeros de trabajo en el bar de la esquina. (f) ¿A qué hora sales de la oficina? Salgo a las siete de la tarde. (g) ¿Y qué haces normalmente por la noche? Ceno, veo la televisión, escucho música, doy un paseo con mi novio. **2** (a) Cinco años. (b) Trabaja en la Central Clasificadora de Correos como operador postal. (c) Té y tostadas con mantequilla. (d) En el metro. (e) Trabaja todo el día en recepción, clasificación y despacho de los pequeños paquetes. (f) Una hora. **3** (a) He saw María yesterday and she told him. (b) In a school. (c) She starts at 8.00 and finishes at 1.00. (d) She prepares the lessons and she sometimes has meetings with parents or other

— 182 —

teachers. (e) He wants her to accompany him to buy a birthday present for his sister. **4** (a) (i) Todos los días. (ii) Toma una ducha. (iii) Después. (iv) De nuevo. (v) Hacia. (vi) A lo mejor. (vii) Vestir. (b) (i) He dives in the swimming pool. (ii) He goes to the University. (iii) He returns home to eat a light lunch. (iv) He leaves the swimming pool, takes a shower and then he studies.

Consolidación Me llamo *(name)*, soy *(occupation)* or trabajo como *(occupation)* en *(place of work)*. Mi horario de trabajo es de 9.00 de la mañana a 5.00 de la tarde. Por lo general me levanto a las 7.00, desayuno y después cojo el autobús para ir a la oficina. Por la mañana trabajo de 9.00 a 1.00. A la 1.00 suelo comer en la cafetería de la oficina con mis colegas. Tengo una hora para almorzar. A las cinco vuelvo a casa donde suelo charlar con mi mujer/marido. Normalmente vemos la televisión leemos el periódico y a las 8.00 cenamos. Nos acostamos a eso de las 11.00.

Unit 2

Ejercicios de comprensión 1 (a) On the last train. (b) Because she's very tired. (c) Because on weekends she prefers to go out of Madrid. (d) She goes to the mountains and she stays at her parents' house. **2** (a) Porque no había piscina en su barrio (b) Porque trabaja y está casada y tiene dos hijos pequeños. (c) Cogen el coche y se van con los chicos de paseo. (d) Le gusta pintar.

Repaso Me/gustan/prefiero/gusta/ti/te/gustan/no/prefieres/más/a/te/me

Actividades 1 Follow Dialogue 1. **2** Tengo muy poco tiempo. Trabajo en

una oficina de 9.00 a 5.00 y estoy casado(a) y tengo tres hijos. Pero cuando puedo, me gusta trabajar en el jardín y también me gusta leer. Ahora estoy leyendo una novela de García Márquez, que me gusta mucho. Ah, también estudio español, por supuesto. Me gusta mucho el español./ No siempre. Aunque me gusta mucho España, es un país muy caro ahora, así que prefiero ir a slgún lugar más barato./¡Fantástico! Muchas gracias. **3** (a) There is a British science programme on now. (b) Next there is a news programme. (c) Yes, there is a film at 12.00 o'clock. (d) It's called *Los intrépidos* and it's a detective film. **4** (a) He recibido tu carta y me alegro mucho de que vengas a mi ciudad. (b) Estoy sguro(a) de que te gustará mucho. (c) ¿Por qué no te quedas en mi casa unos días? Me gustaría mucho. (d) Puedes llamarme por teléfono para confirmar tu llegada. **5** (a) (i) In November, at the Museo Español de Arte Contemporáneo in Madrid. (ii) Sixty-two works were shown. (iii) They belonged to Picasso's widow, Jacqueline Roque. (iv) She had committed suicide a few days before the opening of the exhibition. (b) See transcript for answers. **6** (a) F (b) F (c) V (d) F (e) V (f) F

Consolidación Querido Agustín: Me alegré mucho de recibir carta tuya nuevamente y he encontrado muy interesante lo que me cuentas sobre tus actividades.

La verdad es que yo no dispongo de mucho tiempo libre, ya que con mis estudios y mi trabajo estoy muy ocupado(a), pero cuando no tengo otra cosa que hacer me gusta ir al cine. Aquí ponen películas estupendas y voy al cine por lo menos una vez por semana. Como tengo vídeo en casa, a veces alquilo alguna película en un club que hay en mi barrio. En cuanto a deportes, me gusta el tenis. A pocos minutos de mi casa hay un club donde suelo jugar con mis amigos. Me gusta leer también, aunque no suelo leer mucho por falta de tiempo. Prefiero las novelas, aunque también me interesan las biografías . . .

Unit 3

Ejercicio de comprensión 2 (a) She's a bit bored with it. (b) It's not bad. (c) Almost five years. (d) She liked the contact with the public. (e) She teaches Spanish to foreigners in a school of languages. (f) She likes teaching but she doesn't like the salary.

Repaso 1 (a) ¿Cuánto tiempo lleva(s) estudiando español?. (b) ¿Cuánto tiempo llevan/lleváis en esta casa?. (c) ¿Cuánto tiempo lleva Carlos trabajando en París? ¿Cuántos tiempo hace que no va(s) a Madrid? **2** (a) Hace (una hora) que espero or Espero desde hace (una hora). (b) Llevo (mucho tiempo) haciendo esto. (c) Nos conocemos desde hace (tres meses) or Hace (tres meses) que nos conocemos. (d) Llevo (dos años) en este puesto.

Actividades 1 desde/como/de/ trabajo/él/posibilidad/diferente/busca/ lo; horario / empiezo / la / los / son /; sueldo / gano / espero / viene; gusta/ trabajo/donde/irme. **2** (a) Economics or business administration. (b) Good knowledge of budget control, English and being able to use a computer. (c) Knowledge of oral and written English, minimum experience of two years, preferably in a company in the area of

technology. (d) 1.500.000 pesetas gross per year. (e) Knowledge of English, vocational training or secondary school certificate. **3** Buenos días. Llamo por el anuncio en el periódico El Independiente y quisiera hablar con la señorita Toñi./¿Sí?/Está bien. Esperaré./Buenos días, soy (name), he visto el anuncio en el periódico El Independiente y quisiera más información acerca del puesto./Sí, trabajé como vendedor(a) durante algún tiempo, aunque nunca he vendido libros. Pero estoy dispuesto(a) a aprender. Vivo en España ahora y necesito ganar algo de dinero y éste es el tipo de trabajo que busco. Me interesa mucho./Me llamo *(name)* y vivo en *(your address)*. **4** Follow model letter and change relevant information. **5** Check transcript to complete the form. **(María del Carmen Salas) (a)** ¿Podrías decirme a qué te dedicas? (b) Estoy a cargo de . . . (c) ¿Qué es lo que más te agrada de tu profesión? (d) El trabajo en terreno. (e) Eso es lo que más me agrada. (f) ¿Hay algo que no te guste de tu trabajo? (g) Son muy exigentes. (h) Hay que renovarse constantemente. **Javier Molina** (a) Hace cinco años. (b) Trabajaba en Madrid en una empresa privada. (c) Porque no ganaba lo suficiente. (d) Es un puesto seguro y para toda la vida. (e) Principalmente en dar información al público. (f) La mayoría pide información sobre hoteles y sobre sitios de interés en la región. **6** (a) Finding their first job. (b) It enhances the possibilities of finding a job. (c) The rate of unemployment among university graduates is ½ the national average, among people with higher education. (d) Languages, computing and technology in general. (e) Traditional careers such as humanities, medicine, law, biology. (f) Unemployment is higher among professional women than among men.

Consolidación (a) Trabajo en . . . (occupation) or soy . . . (occupation). (b) Desde hace (un mes, dos años, etc.). (c) Trabajo de (9.00) a (5.00) or Empiezo a las (9.00) y termino a las (5.00). (d) Sí, me gusta (mucho) porque (reason) or No me gusta porque (reason). (e) No está mal or No gano mucho or No nos pagan muy bien. (f) Tengo (tres semanas) de vacaciones.

Unit 4

Ejercicios de comprensión 1 (a) F (b) V (c) F (d) V (e) F (f) F **2** (a) Porque para profesores extranjeros de español tienen cursos especiales. (b) Cuatro semanas y dos semanas respectivamente. (c) Porque no dispone de mucho tiempo. (d) Le da un folleto informativo.

Repaso 1 Me alegré/fue/hiciste/ estudié / conseguí / tuve / asistí / abrió / aprendí/tuve que/mereció. **2** (a) Me/ te/la (b) lo (c) le (d) le/me/le/se/lo (e) me/se/la/le

Actividades 1 Gracias. Es Vd. muy amable./Lo aprendí en la escuela, pero también pasé seis meses en España. ¿Habla Vd. inglés?/¿Dónde estudió francés?/Sí, hice varios años de francés en la escuela y tuve un(a) excelente profesor(a). Y también voy a Francia todos los veranos. El año pasado estuve en Cannes. Me gustó mucho. **2** (a) ¿Podría decirme si tienen Vds. cursos de español de verano? (b) ¿Cuándo empiezan? (c) ¿Qué niveles ofrecen? (d) ¿Cuánto cuestan? (e) ¿Y cuál es el horario? (f) ¿Pueden ayudarme a encontrar alojamiento? **3** *Dear Sir, This is to request information about the Spanish courses for foreigners which the University of Málaga is running this summer. Please send me detailed information about the dates on which they will take place, the levels which are offered, the timetable and the registration fees. I would be grateful too if you could tell me whether it would be possible to get accommodation through you with a Spanish family. I look forward to hearing from you. Yours sincerely,* **4** (a) By sending the registration form, two photographs and a photocopy of the document showing that payment has been sent. (b) Certificate in Spanish Language, Diploma in Hispanic Studies. (c) With families or in apartments. (d) They are grouped according to their knowledge of the language: beginners, intermediate and advanced levels. (e) 20 hours. (f) Concerts, shows, films, visits to the main monuments in the city and excursions to other cities. **5** Muy señores míos: He visto el anuncio sobre los cursos que ofrece el Centro de Estudios Eva y estoy interesado(a) en el curso de. . . . Les ruego que me envíen toda la información referente al curso, incluyendo la fecha en que se realiza, el valor de la inscripción, el horario y la forma de inscripción. Les agradeceré que me hagan llegar la información lo antes posible. Les saluda muy atentamente. **6** (a) F (b) V (c) F (d) F (e) V (f) F **7** (a) mil trescientos. (b) Estados Unidos. (c) europeos. (d) regresan a sus pueblos o ciudades o se van de vacaciones. (e) cursos para profesores de español. (f) para un solo alumno y con carácter intensivo, además se dan cursos específicos, para funcionarios, por ejemplo.

Consolidación (a) Lo hice en . . . (place). (b) Lo empecé en (year). (c) Aún no lo he terminado or Lo terminé en . . . *(year)*. (d) Hablo . . . *(languages you speak)*. (e) Los hablo bien or El francés/el español lo hablo bastante bien or No los hablo muy bien. (f) Empecé en . . . *(month and/or year)*. (g) *(No)* he hecho estudios universitarios. (h) Los hice en . . . *(university and/or town)*. (i) Estudié . . . *(subject)*. (j) Los terminé hace . . . (e.g. un año).

Unit 5

Ejercicios de comprensión 1 (a) Las pasó en Cuba. (b) Estuvo allí ocho días en total. (c) El hotel era excelente y estaba a cinco minutos de la playa. Tenía piscina, discoteca . . . (d) No, fue a través de una agencia de viajes, porque de otra manera les habría resultado muy caro. (e) Era muy maja. (f) Los viajes organizados no le gustan nada. **2** (a) México. (b) un amigo mexicano. (c) en julio. (d) agosto. (e) su amigo. (f) al Oriente. **3** (a) ¿Sigue lloviendo?. (b) No ha parado de llover. (c) Está lloviendo a cántaros. (d) ¡Qué lástima! (e) ¡Es una pena! (f) ¡Ojalá!.

Repaso viajaremos / saldremos / llegaremos/nos quedaremos/podrás/estaremos/daré/harás

Actividades 1 Las pasé en San Sebastián, en el norte de España./Me gustó mucho San Sebastián. Es una ciudad muy bonita, y el hotel donde me quedé era excelente. Estaba enfrente de la playa, tenía piscina y un restaurante excelente. Y tuve mucha suerte con el tiempo. No hacía mucho calor./Fui con unos amigos. Nos llevamos muy bien, eran gente muy maja./No estuvimos mucho tiempo. Desgraciadamente, todos tuvimos que volver a trabajar./Me encantaría volver, pero el próximo año espero ir a Sudamérica. Pienso viajar a Argentina

y Chile. Si tengo dinero me quedaré allí un par de semanas. Pienso tomar otro trabajo para pagar mis vacaciones. Y tú ¿fuiste de vacaciones a algún lugar?/ ¡Qué lástima! **2** (a) We're flying with Spanair. (b) It's a direct flight. (c) On a private bus. (d) By airplane. (e) Six days. (f) No, from Cancún. **3** (a) Iré a Cancún y Ciudad de México. (b) Primero visitaré Cancún. (c) Me quedaré quince días. (d) No, me quedaré en hoteles. **4** Mexico D.F. The capital of Mexico, surrounded by mountains, is situated in a valley at an altitude of 2.240 metres. It has a rich cultural and artistic life, and it is the intellectual centre of all Spanish America. Here you will find historical places such as el Zócalo, the National Palace, the Metropolitan Cathedral, the Aztec capital of Tenochtitlán and the world famous National Museum of anthropology. This city, of 17 million inhabitants, is a mixture of the past and the present. It is a modern city, with wide avenues and lively squares, elegant districts, popular markets, futuristic buildings, colonial houses and barroque churches. As is customary, Club Vacaciones offers you excellent hotels at very good value. In the evenings you will be able to eat out in traditional restaurants and taste the local cuisine while you enjoy the music of the *mariachis*. Then you can go for a walk in plaza Garibaldi and drink a tequila while you listen to the bands which compete with each other. **5** (a) No. (b) It will be misty and later on it will be hazy. (c) It will be misty and in the afternoon it will be cloudy. (d) Pollution will be relatively low. (e) 8.20 pm. **6** (a) Estará nublado y habrá lloviznas. (b) La mínima probable será de 11 grados y la máxima de 23. (c) La mínima fue de 13, 1 a las 8.00 de la mañana y la máxima de

26,8 a las 15.30. (d) Habrá nubosidad parcial, variando a despejado. (e) 14 grados. **7** (a) (iii) (i) (i) (iii) (b) (i) La propensión viajera. (ii) Su situación generacional. (iii) De igual modo. (iv) Los grandes núcleos urbanos. (v) El medio rural. (vi) Seducción planetaria.

Consolidación Model: Este verano fui a Tenerife, en las islas Canarias. Fui solo(a) y viajé en avión, en un vuelo directo de Londres a Tenerife. Me quedé en el Hotel Mar Azul y estuve allí quince días. Lo pasé estupendamente. Fui a la playa todos los días y por la noche salía a una discoteca con unos amigos. Leí bastante y descansé mucho. Volví hace sólo dos días. Aún no sé lo que haré en mis próximas vacaciones. Quizá vaya a Italia.

Unit 6

Ejercicios de comprensión 1 (a) A room with a double bed and two single beds for the children. (b) Seven nights from the 24th to the 30th August. (c) 18.000 pesetas. (d) Yes, it is. **2** (a) F (b) F (c) F (d) V (e) V

Repaso 1 está, es, está, es, son, será, está **2** para, para, para, para, para, por, para, por, por, por **3** (a) sea, (b) esté, (c) es, (d) tenga, (e) vaya, (f) se llama

Actividades 2 Llamo por el anuncio en el Diario El Sur./Eso es. Busco algo para alquilar. ¿Podría darme más información sobre el apartamento?/ Necesito algo que esté disponible inmediatamente./Pues, también busco algo que no sea demasiado caro. ¿Cuánto es el alquiler mensual?/ Gracias. Eso es demasiado para mí. **3** (a) Vive con sus padres y sus dos hermanos menores. (b) Es grande y

muy antiguo. (c) Es muy bonito, es de principios de siglo y está muy bien conservado. (d) Tiene siete habitaciones en total. (e) No, tiene su propia habitación. (f) Es una calle muy ruidosa, pero con una arquitectura interesante. (g) En la esquina. (h) Porque alquilar un piso cuesta una fortuna. **4** (a) (i) 15 minutes by bus from the Plaza Mayor, on calle Conde de Villaseca. (ii) Her sister lives in the area. (iii) It is quite big, it has three rooms, it is very sunny and it has a fantastic view. (iv) 40.000 pesetas each. (v) No, they will move at the weekend. (b) (i) V (ii) F (iii) F (iv) V **5** (a) At the age of 18, when they start their university education, they leave their home. (b) He finds it more comfortable, because he doesn't have to do anything, he saves money and has independence. (c) He finds it difficult and exasperating. (d) Unlike what happened in the '60s, young Spanish people now tend to continue living with their parents until they get married. (e) The economic factor has been responsible for this situation.

Consolidación Possible answers: (a) Vivo con (mi familia). (b) Vivo en (una casa). (c) Es (propio). (d) No es ni grande ni pequeño(a), es antiguo(a), pero muy cómodo(a). (e) Tiene 5 habitaciones, la sala de estar, el comedor y tres dormitorios, aparte del baño y la cocina. (f) Me gusta porque es agradable y cómodo(a). (g) La calle es muy tranquila. (h) El barrio es bastante bueno, es residencial. (i) La estación de . . . está a diez minutos de la casa. (j) Los vecinos son bastante simpáticos y amistosos. (k) Pienso continuar viviendo allí, porque me gusta el barrio y la casa y no tengo suficiente dinero para comprar una casa mejor.

Unit 7

Ejercicios de comprensión 1 (a) V
(b) F (c) F **2** (a) 2.30 p.m. (b) 20
minutes (c) 2.50 p.m. **3** . . . *right and
go as far as Plaza Antón Martín which
is 100 metres from here. There we take*
calle de León *on the left and continue as
far as* calle Lope de Vega. *We have to go
straight on along* Lope de Vega *until we
reach* Paseo del Prado. *The museum is
on the other side of the* Paseo. **4** (a) en
tren o en autocar. (b) la estación de
Atocha. (c) la estación Sur. (d) cada
hora, a la hora. (e) siete de la mañana.
(f) 11.00 p.m.

Repaso coge/bájate/cruza/sube/sube/
sigue

Actividades 1 Bien, gracias, ¿y Vd.?/
Coja la línea 2 en dirección a Ventas./
Sí, va directo./Coja la línea 4 en dirección a Esperanza y bájese en Diego de
León. Allí cambie a la línea 5 en dirección a Aluche. Esa línea le llevará a
Rubén Darío./Voy a ir al Museo del
Prado y después almorzaré con un
amigo español./¡Por qué no! Volveré al
hotel sobre las 7.00. **2** Model dialogues: (a) **A:** ¿Podría decirme por
dónde se va al Banco Central? **B:** Sí,
mire, siga Vd. todo recto por la calle
Juan Bravo hasta General Pardiñas y
allí doble a la derecha. El Banco Central está a dos calles de allí, en la
esquina de Ortega y Gasset, al lado de
la Oficina de Turismo. (b) **A:** Perdone,
¿puede decirme dónde está el Hotel
Plaza? **B:** Sí, siga Vd. por la calle de
Serrano hasta Ortega y Gasset y allí
doble a la izquierda. Suba por Ortega y
Gasset. El Hotel Plaza está en la Plaza
del Marqués de Salamanca, entre
Velázquez y Príncipe de Vergara. **3**
salir/doble/vaya/más/tome/dirección/
bájese /está /cuadras /dirección /doble/

siga/hasta/esquina. **4** decirle/tiene que
buscar /coja /bájese /cruce /siga /verá/
su derecha / siga / tuerza / se pierda. **5**
Model dialogue: **A:** Buenas tardes,
quisiera viajar a París. ¿Podría decirme
qué trenes hay? **B:** Hay un tren que
sale a las 18.15 y otro que sale a las
19.35. **A:** ¿Y cuánto tiempo tardan? **B:**
El que sale a las 18.15 tarda aproximadamente 16 horas. **A:** ¿A qué hora
llega a París? **B:** Llega a París a las
10.30 de la mañana. **A:** ¿Y el de las
19.35? **B:** Ese tarda 13 horas. Llega a
París a las 8.32. **A:** ¿Hay que hacer
transbordo? **B:** Si viaja en el de las
18.15 tiene que transbordar en Hendaya, el otro va directo. **A:** ¿Cuánto
cuesta el billete en el de las 19.35? **B:**
Cuesta . . . pesetas. **A:** ¿Puedo comprarlo aquí mismo? **B:** No, tiene que ir
a una de las ventanillas que están enfrente. **6** (a) To go to the airport, you
must go straight on as far as the second
traffic light, there you have to turn left
and continue along that street till the
end. There you'll find the main road.
To go to the airport you have to turn
right. (b) The tourist office is far from
here, but you can go on the metro.
Take line 1 to La Unión station. On
leaving the station you'll see the Museum of Modern Art. The tourist office
is behind the museum, on calle Libertad. **7** (a) F (b) V (c) F (d) F (e) V (f) V
(g) F (h) V

Consolidación Use note in Exercise
3 as a guideline and refer to the introductory dialogues and other relevant
sections of the unit.

Unit 8

Ejercicios de comprensión 1 (a)
¿Dígame? (b) aún (c) inmediatamente
(d) urgentemente (e) lamentable-

mente (f) sobre (g) llamar por teléfono (h) ocurrir **2** espere (esperar)/marque (marcar)/pase (pasar) **3** Correos/muestras/recomienda/postal/urgencia/ventaja/certificado/entrega/caro/conviene **4** (a) Lo alquilaron en Manchester. (b) La hicieron para el día catorce. (c) La hizo el Sr. Brown. (d) La tenía para el día quince. (e) Porque no tienen ningún coche disponible. (f) Les aconseja que hablen con el encargado.

Repaso 1 ha llamado/han llegado/han reservado/he ido/he dejado/ha invitado. **2** (a) la transferencia llegaría mañana. (b) tardaría una semana. (c) la carta estaría allí el lunes. (d) nos entregarían el coche esta tarde. (e) me repararía el coche ahora mismo. (f) me llamaría por teléfono esta noche.

Actividades 1 Model dialogue: A: Buenas tardes. He escrito a mi banco en Inglaterra pidiéndoles que me transfieran dinero a mi cuenta corriente en este banco. Quisiera saber si ha llegado la transferencia. Esta es la tercera vez que vengo. B: Un momento, por favor . . . Mire, lo siento, pero su transferencia aún no ha llegado. A: ¡Esto es el colmo! B: Lo siento mucho. Le aconsejo que escriba a su banco para averiguar lo que ha pasado. A: Pero si yo estoy seguro(a) que el dinero ha sido enviado. Mi padre me telefoneó y me dijo que recibiría el dinero en 48 horas. No quiero perder más el tiempo. Exijo hablar con el director del banco para hacer una reclamación. ¡Esto es el colmo de la incompetencia! **2** Primero pon varias monedas de (una libra) en la ranura, en seguida levanta el auricular y espera el tono de marcar. Marca el 010 y después el 343, seguido del número de tus padres. Las monedas caerán cuando se establezca la comunicación. **3** *At the*

Banco Popular Español you will always find a friend to advise you about:/How to get your residence permit/How to buy a car, a house or an apartment. How to sell it and send home the capital and capital gains./How to let your apartment or house./How to bring in to the country your motorboat, your car, your furniture and your pets./The taxes you have to pay in Spain and how to avoid double taxation./How to insure your flat or house against burglary, fire, flooding./What to do in case of illness and other health and family matters. **4 (a)** (i) A service for you to express your opinions and complaints. (ii) You have to dial phone 31 45 45. It is an automatic answer-phone which operates 24 hours a day. **(b)** (i) in a hotel (ii) in a garage (iii) in a restaurant **5** (i) No, they will be handed to the porter or left in the individual post boxes in the block. (ii) They will be delivered to your own home or office. (iii) You can get a post box or have your letters sent to poste restante. (iv) No, you have to collect them from the post office.

Consolidación. Model dialogue: A: Buenos días. Tenemos una habitación reservada a nombre de . . . *(name)*. B: Perdone, pero su reserva es a partir del 15 y hoy es 10. A: Pues, estoy seguro que era para el 10. Yo mismo hice la reserva. B: Lo siento mucho, alguien debe de haber cometido un error. Lamentablemente no tenemos ninguna habitación disponible en este momento. Tendrán que ir a otro hotel, al menos hasta el día 15. A: ¡Esto no puede ser! Es la primera vez que me sucede una cosa así. Quiero hablar con el gerente ahora mismo para hacer una reclamación.

Unit 9

Ejercicios de comprensión 1 (a) un bolso (b) para su hija (c) porque su hija está de cumpleaños. (d) le ofrece unos bolsos que están en oferta a 18.500 pesetas. (e) porque no cree que a su hija le guste ese color. (f) le sugiere que lo cambie si no le gusta a su hija. **2** (a) F (b) F (c) V (d) F **3** (a) There is something wrong with the picture. (b) He will check it and then he will give the client an estimate for the repair. (c) If the client agrees with the estimate the repair job will be done.

Repaso 1 (a) Si tuviera vacaciones viajaría a España. (b) Si el coche no estuviera en mal estado lo compraría. (c) Si mereciera la pena lo haríamos reparar. (d) Si no tuvieran que volver al trabajo se quedarían. (e) Si no estuviera ocupado los recibiría. (f) Si él hablara bien español ella le entendería. **2** (a) Tuve que vender el piso. (b) Tenía que decirte algo importante. (c) No hay nada que hacer. (d) Debo llevar el pasaporte. (e) Necesitaba comprar una maleta. (f) Habrá que traer algo para beber.

Actividades 1 Quisiera un par de pantalones./Sí, son para mí./Sí, me gustan mucho. ¿Los tiene en negro?./Talla cuarenta y seis./Quisiera probármelos./Me quedan bien. ¿Cuánto cuestan?./Son un poco caros, pero me gustan. Me los quedo. ¿Puedo pagar con tarjeta de crédito? **2** Quisiera unas tazas y platillos que vi anoche en el escaparate./Eran de cerámica, de color verde y tenían una banda de color amarillo./No, no tenían asa./¡Qué lástima! **3** *Dear Pat: What a surprise to hear from you again! I'm glad you're well and I hope you do very well in your final exams. Thank you very much for your invitation for this summer, but unfortunately I don't have enough money to travel. If I could I would certainly come and see you. You don't know how much I'd like it! Next year perhaps, but I'll have to work very hard to save money as the trip is very expensive. You will have to come to Venezuela too some day. I don't need to invite you formally. I'll be waiting for you. Love Raúl.* **4** (a) They should give you an estimate and a receipt. (b) 30 days (c) They should let the client know and prepare another estimate. (d) Yes, you'll have to pay the equivalent of 15-minutes work. (e) These must be new and the client must be charged the normal sale price. (f) The guarantee will last at least three months, and it will cover all expenses, that is, transport, spare parts and materials, and V.A.T. **5** (a) (i) It depends on what she needs to buy. If it is something she needs urgently she buys it at any shop in the neighbourhood, but if she has to buy several things she buys them in a department store. (ii) She buys food in the supermarket. (b) (i) F (ii) V (iii) F (c) (i) Check words in **Transcript of ¡A escuchar!** on pages 200–201 . (ii) *No, that is done by his wife. Sometimes he accompanies her, but normally he hasn't got time. They have a small supermarket in the area where they buy almost everything. Except for fruit and vegetables, which are bought in the market. It is cheaper and more fresh.* **6** (a) 12% (b) Yes, 6% **7** *Tourist Apartments – The following services are included in the price of accommodation: water, electricity and gas, rubbish collection and service charges./When making your reservation, you may be asked to pay a deposit of 15 to 40 per cent of the total price agreed./If you decide to cancel your* *reservation, you are entitled to a refund of the deposit, minus a deduction of five to 50 per cent, depending on how much notice is given. If the cancellation is made less than seven days in advance, there is no refund.*

Consolidación Model dialogue: **A:** ¿Podría decirme dónde está la zapatería, por favor? **B:** Está en el tercer piso a la derecha. **A:** Gracias. *(En la zapatería)* **C:** ¿Qué desea? **A:** ¿Tiene esos zapatos en color negro? **C:** ¿Qué número calza Vd.? **A:** Cuarenta. **C:** Un momento, por favor . . . Lo siento, pero sólo los tenemos en marrón. Por qué no se los prueba si le gustan. **A:** Sí, son bonitos. Me los voy a probar . . . Sí, me quedan bien. Me los quedo. ¿Cuánto cuestan? **C:** Nueve mil pesetas. **A:** ¿Puedo pagar con tarjeta de crédito? **C:** Sí, por supuesto.

Unit 10

Ejercicios de comprensión 1 jugando/cayó/tobillo/dolía/hinchado/ médico/por suerte/vendó/moviera/ dolor **2** sentirse/encontrarse; sentir/ lamentar; pasarse/acabarse; romper/ quebrar; tratar/intentar; volver/ regresar; de aquí a/dentro de.

Repaso 1 (a) Estaba corriendo. (b) Estábamos subiendo las escaleras. (c) Estaban bebiendo. (d) Estaba traba- jando. **2** (a) Me dijo que volviera maña- na. (b) Me aconsejó que descansara un poco. (c) Nos recomendó que no fumáramos mucho. (d) El doctor quiere que haga más ejercicio.

Actividades 1 Quisiera algo para el dolor de estómago./Sí, también tengo diarrea. Comí pescado anoche y des- pués empecé a sentirme mal./Gracias. ¿Cuánto es? **2** Me dio unas pastillas.

Me dijo que tomara dos tres veces al día hasta que me sintiera mejor. Tam- bién me aconsejó que tuviera cuidado con la alimentación y que no comiera nada frito. **3** *Generally, tension and stress directly affect your back and torso causing much discomfort. To avoid this you can do a simple exercise which we suggest for this./Sit down with your shoulders well back, legs bent, feet on the ground. Stretch your left arm out in front of you, keep your right hand resting on your right thigh. Do a see-saw motion using alternate arms. Repeat about ten times. Do this as many times a day as you like whenever you feel tense. It will relax you.* **4** comer/alimentos/ productos / alimenticia / huevos / legu- minosas / proteínas / mantenimiento / músculos **5** (a) In Andalusia and Le- vante. (b) Because the diet in these regions includes an excessive amount of proteins, animal fats and sugar. (c) In Madrid, the diet is balanced and healthy, better than in the capitals of other Spanish communities. (d) Break- fasts are light. (e) Because of their work. (f) The diet in Catalonia includes an excessive amount of proteins, fats and not many carbohydrates. **6** (a) They are those general conditions which affect 70% of patients who go to surgeries. (b) Traditional medicine seeks to cure the disease while alter- native medicine treats the patient. (c) Alternative medicine tries to discover why the patient is suffering from a certain condition and how this condi- tion manifests itself in the patient. (d) The underlying principle is that every condition or illness is the result of an encounter between an external agent, for example a virus, and a receiving ground.

Consolidación Model dialogue: **A:** Buenos días, doctor. **B:** Buenos días. ¿Qué le pasa? **A:** Esta mañana estaba haciendo jogging en la playa y me caí y me torcí la muñeca. Por suerte es el brazo izquierdo, pero me duele mucho y está un poco hinchado. ¿Cree Vd. que está roto? **B:** Déjeme ver el brazo . . . No, afortunadamente no está quebrado. Le pondré una venda alrededor de la muñeca. Y es mejor que no mueva el brazo izquierdo. Estoy seguro de que dentro de tres o cuatro días se sentirá mejor.

Unit 11

Ejercicios de comprensión 1
Model summary: Señor Riveros thinks that the decrease in the number of tourists coming to Spain is due to several factors: people wish to see other places, and other countries are also promoting their tourist attractions; people have also become more aware of the environment and therefore they are looking for places which are less contaminated and less crowded; the economic crisis which has affected some countries has also led to a decline in tourism. Spain has become an expensive country and people are looking for cheaper places. **2** (a) Piensa que el tráfico en Madrid es insoportable. (b) Ella cree que se debería favorecer más al tranporte público. (c) Madrid sería una ciudad más limpia y con menos ruido.

Repaso (a) Si no hubiera perdido mi trabajo habría/hubiera ido a España. (b) Si hubiéramos tenido dinero habríamos/hubiéramos podido viajar. (c) Si no hubieran aumentado los precios no habría/hubiera descendido el turismo. (d) Si hubieran encontrado

plaza en el avión no habrían/hubieran tenido que esperar otro vuelo.

Actividades 1 Sí, estoy totalmente de acuerdo con eso. No debería permitirse que la gente fume en lugares públicos. Es un hecho muy conocido que muchas muertes se deben al tabaquismo./Por supuesto. La publicidad al tabaco debería haberse prohibido hace mucho tiempo. Si se hubiera hecho antes se habrían evitado muchas muertes. También sería necesario educar a la gente, especialmente a los jóvenes para que no empiecen a fumar. **2** (a) They are advised to walk. (b) The underground rail system (the **metro**). (c) Because buses cause pollution. **3** *The hole in the ozone layer, it's getting bigger! The disappearance of ozone is also one of the causes of, what is called, the 'greenhouse effect', which is stimulating the warming of the Earth./I do not believe that the human species can survive without an ozone layer, without which the levels of ultraviolet radiation reaching Earth from space would destroy the majority of life forms as we know them,' explained the director of the division of applied Earth scientists at NASA, Shelby Tilford./Ozone also influences the temperature at the highest atmospheric levels. Without the ozone, a drastically changed weather pattern which is linked to other essential aspects of the Earth's climate, would affect crops and sea life./Scientists first observed a hole forming in the ozone layer over Antartica in 1985. The aperture has gradually grown. Scientific opinion is that the hole in the ozone layer, which appeared for the first time over Antarctica in that year, is clear proof that pollution created by man is damaging the atmosphere. If this trend continues,* they foresee an increase in the rate of cases of skin cancer, damage to crops and oceans. 4 (a) The commercial is offering prospective buyers a 100.000 pesetas discount on the Seat Málaga. (b) It intends to solve traffic problems such as traffic jams which help to increase pollution and tension among drivers. (c) There are cars with computers which can detect faults, which respond only to the voice of the owner or which refuse to start when the driver has drunk too much. A new computer system is being planned which, from a central unit, will not only control traffic, but will also give car computers information such as the best route to follow, the time of arrival at a certain destination or where you can find a parking place. 5 (a) Significa que la base del desarrollo y del progreso económico ha sido la creación de industrias en la Ciudad de México. (b) La principal causa es el combustible que consumen las industrias y los vehículos. (c) Porque la contaminación alcanzó niveles peligrosos durante varios días. (d) Este programa prohibe a los particulares utilizar su coche por la ciudad un día a la semana.

Consolidación Model letter: Señor Director: Soy un turista extranjero y escribo a su periódico para quejarme de la forma como la gente tira basura en la playa. Creo que las autoridades deberían mostrar más preocupación por el medio ambiente e instalar en la playa cubos de basura. La playa debería limpiarse cada día, ya que de otra manera la basura va a contaminar el mar. Si esto no se hace, los turistas dejarán de venir, lo cual afectará la economía de la ciudad. Espero que las autoridades y el público en general lean esta carta y hagan algo al respecto.

Unit 12

Ejercicios de comprensión 1 Pepe thinks that **machismo** is less prevalent in the younger generations, although there are, in his opinion, many problems of inequality between men and women which would be necessary to solve. But this is also true of other European societies. To what extent men share housework with women, depends on people's age and their social background, but generally speaking, Spanish men nowadays tend to share housework with women. **2** (a) More than half of secondary school pupils are women. (b) Women tend to choose studies which traditionally have been considered as appropriate for women. (c) There has been a notorious increase in the number of women. (d) On the one hand, there has been an increase in the female work force and a decrease in the male work force. However, unemployment has affected women more than men. (e) The female working population is younger than the male one. (f) The average number of children per woman has gone down.

Repaso (a) Ella dijo que no le habían ofrecido el puesto porque no estaba tan capacitada como el resto de los aspirantes. (b) Aunque ella es tan capaz como sus colegas varones y trabaja más que ellos, su sueldo es más bajo que el de ellos. (c) El era mayor que ella y había estado casado antes. Se había divorciado de su esposa anterior después de tres años de matrimonio.

Actividades 2 (a) F (b) F (c) V (d) F (e) F (f) V **3** sin embargo/a pesar de/no obstante/en cambio/aunque **4** (a) F (b) F (c) V (d) V **5** (a) La población española aumentó en 743.679 personas. (b) Murcia (c) Cataluña ha tenido incrementos mínimos. (d) Se ha debido a los altos precios de la vivienda. **6** *The Hispanic population of the United States increased more than 50 per cent: In one decade, the 1980s, the Latin-American population of the United States grew more than 50 per cent, the Asian population doubled and one in five north Americans belong to an ethnic minority, according to the census./The principal minority continues to be the black Americans – or Afro-North Americans. The pronounced growth of the Hispanic, or Latin-American, and Asian populations recorded in the 1990 census, highlights an ethnic divergence which holds profound political and social consequences for the next century./ The population of the United States is 248.7 million of which 49 million identify themselves as members of an ethnic minority./Thirty million are black Americans and 22.4 million are His-panic. While the number of Afro-North Americans grew 13 per cent in the last decade, the number of Latin Americans increased 53 per cent.*

Consolidación La razón por la cual las mujeres españolas no habían luchado por sus derechos como lo habían hecho las mujeres europeas en otros países, fue que la situación política bajo el régimen de Franco no estimulaba este tipo de actividades. Más tarde, durante el período de transición a la democracia, todas las frustraciones y aspiraciones que se habían acumulado durante años, llevaron a cambios sustanciales que permitieron a la mujer española encontrar un lugar apropiado en la sociedad./A pesar de las desigualdades que aún persisten, las mujeres españolas de hoy son más independientes y tienen mejores oportunidades que antes.

¡A escuchar! transcipts

Unit 1

Antonio	Hola, Pilar. ¿Cómo estás?
Pilar	Muy bien, ¿y tú?
Antonio	Bien, gracias. Ayer vi a María y me dijo que ya habías encontrado trabajo. Me alegro mucho. Estarás muy contenta, ¿no?
Pilar	Por supuesto. Estoy trabajando en un colegio cerca de casa. Es un colegio muy bueno, pero hay que trabajar muchísimo. Empiezo a las ocho de la mañana y no salgo hasta la una.
Antonio	Te levantas muy temprano, entonces.
Pilar	A las siete de la mañana. Por suerte está muy cerca de casa, y en quince minutos estoy allí.
Antonio	¿Y por la tarde no trabajas?

Pilar	Por ahora no, pero con lo del colegio tengo bastante que hacer. Por la tarde preparo las clases, a veces tengo reuniones con los padres o con otros profesores. ¡En fin! Me falta tiempo para hacer todo lo que quisiera. Pero tenemos que vernos uno de días.
Antonio	Sí, por supuesto. No trabajas los sábados, ¿verdad?
Pilar	No, los sábados estoy libre.
Antonio	Bueno, por qué no me acompañas a comprar un regalo el sábado por la mañana. Mi hermana está de cumpleaños y no sé qué regalarle.
Pilar	De acuerdo. ¿A qué hora?
Antonio	¿A las once te parece bien?
Pilar	Sí, está bien.
Antonio	Bueno, pasaré a buscarte a esa hora. Hasta el sábado, entonces.
Pilar	¡Chao!

Unit 2

(a) Largas colas se han formado en noviembre a las puertas del Museo Español de Arte Contemporáneo de Madrid. El motivo era ver la exposición realizada con sesenta y dos obras de Picasso pertenecientes a la colección privada de su viuda, Jacqueline Roque, que se había suicidado pocos días antes de abrirse la muestra.

A la exposición acudió desde el primer momento un público muy amplio y heterogéneo, lo que demuestra la gran atracción popular que provoca este artista, por encima incluso de la incomprensión que aún despierta su obra entre algunos espectadores.

(b) La presencia de España en ciudades estadounidenses como Nueva York y Washington se ha visto aumentada estos últimos meses con la intensificación de diversos actos culturales: muestras de cine, exposiciones de arte, conciertos de música . . .

En noviembre, en concreto, se estrenó en Washington una ópera basada en la vida del pintor aragonés Francisco de Goya, acontecimiento al que asistió la Reina doña Sofía.

La obra fue escrita por el compositor italiano Gian Carlo Menotti, y está interpretada en su papel principal por el afamado tenor español Plácido Domingo.

(Radio Nacional de España, Servicio de Cooperación Cultural)

Unit 3

María del Carmen Salas

Periodista	¿Cómo te llamas?
M. del Carmen	Me llamo María del Carmen Salas.
Periodista	¿Cuántos años tienes?
M. del Carmen	Tengo 38 años.
Periodista	¿Podrías decirme a qué te dedicas?
M. del Carmen	Soy periodista. Trabajo en la revista Claudia. Es una revista femenina que se publica en Madrid una vez por semana.
Periodista	¿Tienes alguna responsabilidad especial dentro de la revista?
M. del Carmen	Bueno, la revista tiene varias secciones especializadas y yo estoy a cargo de la sección Salud. Escribo artículos relacionados con el tema de la salud, que sean de especial interés para la mujer. Además, realizo entrevistas con médicos y otros profesionales que tengan que ver con el tema.
Periodista	¿Qué es lo que más te agrada de tu profesión?
M. del Carmen	Pues, principalmente el contacto con la gente, el trabajo en terreno, salir a hacer entrevistas, también el contacto con las lectoras a través de correspondencia. Creo que eso es lo que más me agrada. Además, ésta es una actividad muy creativa, hay que saber usar la imaginación y hacer cosas diferentes para satisfacer a la mayoría de las lectoras.
Periodista	¿Hay algo que no te guste de tu trabajo?
M. del Carmen	Que no me guste, no, pero debo confesar que es una profesión que exige mucha dedicación, hay que estar dispuesta a aceptar críticas, ya que las lectoras son muy exigentes, y hay que renovarse constantemente. Y eso no es nada fácil.

Javier Molina

Periodista	¿Cómo te llamas?
J. Molina	Me llamo Javier Molina Sánchez.
Periodista	¿Qué edad tienes Javier?
J. Molina	Tengo 29 años.
Periodista	¿En qué trabajas?
J. Molina	Soy funcionario de la Oficina de Turismo de Alicante.

Periodista	¿Llevas mucho tiempo trabajando allí?
J. Molina	Trabajo allí desde hace cinco años.
Periodista	¿Dónde trabajabas antes?
J. Molina	En Madrid. Trabajaba en una empresa privada, pero no ganaba lo suficiente y decidí cambiarme. Tuve suerte al encontrar un puesto aquí. Ahora tengo un trabajo seguro y para toda la vida. Al menos así lo espero. Y el sueldo no está nada mal. Por otra parte, Alicante es una ciudad muy agradable para vivir, es un lugar tranquilo. Y la propiedad aquí está más barata que en Madrid. Así he podido comprarme un pequeño piso. En Madrid ahora es imposible. ¡Con esos precios!
Periodista	¿En qué consiste tu trabajo específicamente?
J. Molina	Pues, principalmente en dar información al público. A Alicante vienen muchísimos turistas, muchos ingleses, alemanes . . . Muchos no hablan castellano y yo sé inglés y algo de alemán también. La mayoría viene a pedir información sobre hoteles y sobre sitios de interés en la región. Es una región muy bonita y el clima es estupendo.

Unit 4

Pregunta	Gloria, me gustaría que hablásemos un poco acerca del tema de la educación y de tu propia experiencia como estudiante. Seguramente tendrás muchos recuerdos de aquella época. Después de todo eres muy joven y no te habrás olvidado aún, ¿verdad? ¿Cuándo dejaste el colegio?
Respuesta	Hace casi dos años. Tengo muchos recuerdos agradables del colegio. Fue una época muy feliz de mi vida.
Pregunta	¿Dónde hiciste tus estudios?
Respuesta	En un colegio religioso de La Coruña. Era un colegio sólo para chicas. La verdad es que me habría gustado ir a un colegio donde hubiese habido chicos, pero vamos, mis padres quisieron que fuese allí y no estuvo nada mal. Por el contrario, disfruté muchísimo y me hice de excelentes amigas allí.
Pregunta	En pocas palabras, ¿cómo describirías el colegio donde fuiste?
Respuesta	Pues, era bastante bueno. Los profesores eran muy estrictos y nos hacían trabajar mucho. En general, guardo

un buen recuerdo de ellos. Había excepciones, claro, como es normal. La profesora de matemáticas, por ejemplo, no me gustaba nada. No tenía sentido del humor y nos llevábamos muy mal. En cambio, con otros no. La profesora de historia era una persona simpatiquísima y mis relaciones con ella fueron siempre estupendas.

Pregunta ¿Fuiste una buena estudiante?

Respuesta Ni buena ni mala. Dependía de la asignatura. Había asignaturas que me gustaban mucho y otras que simplemente no me gustaban. En historia y en inglés, por ejemplo, nunca tuve problemas. Eran mis asignaturas favoritas y estudiaba muchísimo. En cambio, en matemáticas y ciencias me iba bastante mal y más de una vez suspendí.

Pregunta ¿Y a qué te dedicas ahora?

Respuesta Estudio en una escuela de traductores e intérpretes.

Unit 5

El tiempo

Nublado con lloviznas y temperaturas extremas probables de once la mínima y veintitrés grados la máxima anunció para hoy en Santiago la Dirección Meteorológica de Chile. Las temperaturas extremas de ayer en la capital fueron trece grados, una décima (13,1), la mínima, a las ocho de la mañana y veintiséis grados, ocho décimas (26,8), la máxima, a las quince horas y treinta minutos (15,30). Perspectivas para mañana viernes veintiuno de febrero en el área metropolitana, nubosidad parcial variando a despejado. Temperatura del momento, catorce grados, siete décimas (14,7), con una humedad relativa de un ochenta y siete por ciento (87 por ciento).

Ocho de la mañana, dieciséis minutos (8,16). Hasta aquí las informaciones. Por su atención muchas gracias y buenos días.

(Radio El Conquistador, Santiago de Chile).

Unit 6

(a) Un nuevo piso

Soledad Hola, ¿qué hay?

Pablo Hola.

Soledad ¿Y cómo os ha ido con la búsqueda de piso? ¿Habéis encontrado algo?

Pablo	Pues, sí, por fin hemos encontrado lo que buscábamos. No sabes lo difícil que ha sido.
Soledad	¡Hombre!, me alegro. ¿Y qué tal es?
Pablo	Pues, no está nada mal. Está a unos quince minutos en autobús de la Plaza Mayor. En la calle Conde de Villaseca. ¿La conoces?
Soledad	Sí, sí, por allí vive mi hermana. Es un barrio bastante bueno y muy tranquilo.
Pablo	Y el piso es bastante grande. Tiene tres habitaciones, mucho sol y una vista estupenda. Desde allí se puede ver el río.
Soledad	¡Qué maravilla! Y de precio, ¿qué tal?
Pablo	Un poco caro, ciento veinte mil pesetas al mes, pero vamos . . , somos tres, cuarenta mil pesetas cada uno, que tampoco es demasiado. ¿No te parece?
Soledad	Está bien. Yo estoy pagando sobre ochenta mil. ¿Os habéis mudado ya?
Pablo	No, todavía no, pero lo haremos este fin de semana. Tendrás que venir a vernos.
Soledad	Por supuesto.

(b) Hotel O'Higgins

Hotel O'Higgins de Viña del Mar le ofrece un fin de semana grande con precios para chicos. Dos noches, tres días, para dos adultos y hasta dos niños menores de doce años sin costo en la misma habitación por sólo treinta y cinco mil pesos. Incluye desayuno e impuesto. Además, sus niños disfrutarán del plan familiar del Hotel O'Higgins donde personal especializado realiza actividades y entretenciones para que usted pueda tomar un merecido descanso. Reservas en Santiago, teléfonos 71 3165 y 96 6826.

(Radio Clásica, Santiago de Chile)

Unit 7

(a) En viaje al aeropuerto

Conductor	Perdone, ¿la carretera para el aeropuerto, por favor?
Guardia	Sí, mire, siga Vd. todo recto hasta el segundo semáforo y allí doble Vd. a la izquierda y continúe por esa calle hasta el final. Allí encontrará Vd. la carretera. Para ir al aeropuerto tiene que torcer a la derecha.
Conductor	Muchas gracias.
Guardia	De nada.

(b) **Buscando la oficina de turismo**

Turista   Por favor, ¿sabe Vd. dónde está la oficina de turismo?

Transeúnte Pues, está un poco lejos de aquí, pero puede ir en el metro. Coja Vd. la línea 1 hasta la estación de La Unión. Al salir de la estación verá Vd. el Museo de Arte Moderno. La oficina de turismo está detrás del museo, en la calle Libertad.

Turista   Gracias.

Unit 8

(a) ¡Dígalo por la PR!, un espacio que hemos dedicado para que usted exponga sus comentarios y sus quejas. ¡Dígalo por la PR: el sistema de contestación automático que opera durante las 24 horas para que Vd. pueda ser escuchado. Llame ahora mismo al 31 45 45 y ¡dígalo por la PR!. La Romántica, XHPR 101.3 mghz, transmitiendo las 24 horas del día desde Veracruz.

(Radio La Romántica, Veracruz, México)

(b) **¡Quejas y más quejas!**

(i) ¿Oiga? ¿Quiere Vd. enviar a la camarera a la habitación 320, por favor? Le he pedido que me traiga toallas limpias. Esto fue hace más de una hora y todavía estoy esperando. Las necesito ahora mismo.

(ii) Vd. es el jefe, ¿verdad? Mire, he traído el coche a reparar y vea Vd. el estado en que lo han dejado. Está peor que antes. El trabajo que han hecho no vale nada. Esta es la última vez que traigo el coche aquí.

(iii) Perdone Vd., pero ¿a qué hora nos trae lo nuestro? Hemos pedido hace casi media hora. Tráiganos al menos el vino.

Unit 9

(a) **Rosario Santos**

Periodista ¿Compra Vd. normalmente en grandes almacenes como éstos o prefiere comprar en una tienda pequeña?

Rosario Bueno . . ., la verdad es que eso depende . . . Hombre, s se trata de una cosa que necesito con urgencia, la compr en cualquier tienda de mi barrio, pero cuando tengo qu comprar varias cosas prefiero venir aquí. Así no tengo qu andar de un lado para otro. Vamos, que a veces se pierd mucho tiempo. Además, mire Vd., aquí hay más varieda y si va Vd. a una tienda pequeña del barrio muchas veces no encuentra lo que busca o es más caro.

Periodista ¿Y los comestibles dónde los suele comprar?

Rosario Pues, normalmente voy al supermercado, hay uno cerca de casa y allí hago la compra para toda la semana. Así me resulta más barato y más cómodo. Vamos, yo sé que hay gente que va todos los días a comprar una o dos cosas, luego se ponen a charlar con las vecinas, a cotillear y qué sé yo. Yo no señor, eso no, que en casa hay muchísimo que hacer.

b) Ana Belmar

Periodista Ana, ¿tú compras normalmente en grandes tiendas como ésta o en tiendas más pequeñas?

Ana Bueno, hoy he venido aquí porque están de rebajas y, claro, hay que aprovechar. Pero por lo general prefiero ir a alguna tienda pequeña donde haya más cosas exclusivas, sobre todo tratándose de ropa. A veces pagas un poco más, pero te llevas algo que realmente te gusta.

Periodista ¿Te gusta vestir a la moda?

Ana Vaya, sí, aunque no siempre puedo comprar lo que quisiera. Si trabajara, quizá sí, podría hacerlo, pero soy estudiante y el dinero me lo da mi padre.

c) Andrés Calle

Periodista Vd. señor, suele comprar aquí, en una gran tienda o prefiere hacerlo en una tienda pequeña?

Andrés Pues, lo cierto es que prefiero ir a una tienda más pequeña donde el trato sea más directo, más personal. Pero eso sólo lo puedo hacer el fin de semana. Yo soy administrativo y trabajo por la mañana y por la tarde y cuando salgo las tiendas ya están cerradas. Por eso vengo a veces aquí, pues está abierto al mediodía. Aprovecho la hora de la comida para comprar lo que necesito.

Periodista ¿Y la compra de comestibles la hace Vd. también?

Andrés Pues no, de eso se encarga mi mujer. A veces la acompaño, pero normalmente no tengo tiempo. Pero tenemos un pequeño supermercado en el barrio donde compramos casi todo. Excepto la fruta y las verduras, claro, eso se compra en el mercado. Es más barato, más fresco . . .

Unit 10

La dieta mediterránea

Presentador: Buenos días. Damos comienzo a un nuevo programa de l serie **La buena mesa**. En la primera parte del programa de ho tenemos una invitada especial, la experta en nutrición Angélica Muño quien se referirá a los cambios que ha experimentado la dieta de lo españoles.

Invitada: Buenos días. En primer lugar quisiera referirme a la llamad dieta mediterránea. Pues bien, la dieta mediterránea está de mod aunque hasta hace poco no gozaba de muy buena reputación. Lo médicos y nutriólogos han descubierto que en los países mediterráneos incidencia de enfermedades cardiovasculares es mucho menor que e tierra adentro.

En España, las características de este tipo de alimentación se dan, sobr todo, en Andalucía y en el Levante. Allí, la base de la dieta es el pescad las grasas vegetales y los vegetales que contienen gran cantidad de fibr

Por el contrario, es en la meseta central, norte y noroeste, donde riesgo sanitario es más alto, pues se consume un exceso de proteína grasas animales y azúcares. La preocupación de los científicos es qu España se contamine de la dieta continental, en vez de que los demás contagien de la dieta mediterránea.

Ahora, veamos lo que pasa en Madrid. La dieta de los madrileños equilibrada y saludable, mejor que la del resto de capitales comunitaria No obstante, los madrileños toman menos verduras de las necesarias demasiadas proteínas y sal. Como complemento, hay que decir que Madrid se como poco pan y patatas y mucha fruta, leche y pescado.

¿Y qué hay de los desayunos? Pues, los desayunos que se toman lo madrileños son ligeros y se advierte una tendencia a no cocinar por noche en casa. Uno de cada cinco escolares no desayuna y muchos de lo que lo hacen consumen menos calorías de las aconsejables.

El comer cada vez con más frecuencia fuera de casa por razone laborales, sobre todo, es otra de las características de los cambio alimentarios de los madrileños. Madrid está siguiendo la tendencia de Comunidad Europea, donde casi el 4 por ciento de la población acti realiza cinco almuerzos semanales fuera de casa.

Algo similar sucede en Cataluña. Los catalanes ingieren demasiadas proteínas y grasas y pocos hidratos de carbono . . .

(Cambio 16, Nº 886)

Unit 11

(a) Banda sonora de un anuncio de televisión

¿Quiere vivir grandes sensaciones?
¡Sí!
Pues este mes la sensación es el Seat Málaga.
¡Aaah!
Ahora, por ser para usted, por cien mil pesetas menos.
¡Ooh!
Esta acción tiene una duración limitada.
¡Ah!
Este mes las grandes sensaciones cuestan cien mil pesetas menos . . .
¡Ooooh!
. . . Con el Seat Málaga.
¡Aaah!

En España los fabricantes gastaron doce mil millones de pesetas en publicidad: economía, belleza, confort, potencia y velocidad son argumentos habituales para convencer a los futuros compradores.

(b) El uso del automóvil en trazados urbanos que no estaban pensados para el tráfico provoca embotellamientos que contribuyen al aumento de la polución y al nerviosismo de los conductores.

Estos son problemas ya viejos que pretende solucionar el proyecto Európolis, que forma parte del Plan europeo de alta tecnología llamado Eureka, en el que participan 18 naciones.

(c) Actualmente hay automóviles con ordenadores que detectan averías, obedecen sólo a la voz de su propietario o no funcionan si el conductor ha bebido más de la cuenta. Y ahora se estudia la creación de un sistema de computadoras que, desde una unidad central, no sólo regule el tráfico, sino que proporcione a los ordenadores de los automóviles informaciones tales como la ruta más indicada a seguir, el tiempo de llegada al punto de destino o la zona en la que encontrará aparcamiento.

(Radio Nacional de España).

Unit 12

Entrevista con Teresa

Pregunta	Teresa, tú y Paco os habéis casado hace muy poco tiempo, ¿verdad?
Teresa	Sí, hace poco más de un año.
Pregunta	Y ambos sois profesionales, ¿no es así?
Teresa	Sí, Paco es arquitecto y yo soy psicóloga.
Pregunta	¿Y cómo os arregláis con las tareas del hogar? Con la limpieza, la cocina, la compra, y todas aquellas tareas que hay en toda casa y que no se pueden eludir. ¿Quién las hace? ¿Tenéis a alguien que os ayude?
Teresa	Pues, tenemos una asistenta que viene dos veces por semana a limpiar el piso y a planchar, pero todo lo demás lo hacemos Paco y yo. La compra la hago yo, pues salgo antes del trabajo y camino de casa paso por el supermercado. En cambio, Paco, que cocina mucho mejor que yo, se encarga de guisar. Los fines de semana lo hacemos juntos, pero vamos, a él le encanta la cocina y a mí no. Pero yo soy la que friega los platos.
Pregunta	¿Son labores compartidas, entonces?
Teresa	Totalmente. De otra manera, quizá no funcionaríamos bien como pareja. Me molestaría tener que encargarme yo de todo. En cambio así, las cosas marchan muy bien y no hay ningún tipo de resentimiento. Por el contrario, Paco y yo tenemos una excelente relación.
Pregunta	¿Y cuándo vengan los hijos?
Teresa	Pues, probablemente tendremos que hacer ciertos ajustes, pero fundamentalmente, no creo que las cosas vayan a cambiar.
Pregunta	¿Sois una pareja feliz, entonces?
Teresa	Sin duda.

TABLE OF
— IRREGULAR VERBS —

The following list includes only the most common irregular verbs. Only irregular forms are given (verbs marked with an asterisk are also stem-changing).

abrir (*to open*)	*past participle*; abierto
andar (*to walk*)	*preterite*: anduve, anduviste, anduvo, anduvimos, anduvisteis, anduvieron *imperfect subjunctive*: anduviese, anduvieses, anduviese, anduviésemos, anduvieseis, anduviesen; anduviera, anduvieras, etc.
caer (*to fall*)	*present indicative*: (yo) caigo *present subjunctive*: caiga, caigas, caiga, caigamos, caigais, caigan *present participle*: cayendo *preterite*: (él, ella, Vd.) cayó, (ellos, ellas, Vds.) cayeron *imperfect subjunctive*: cayese, cayeses, cayese, cayésemos, cayeseis, cayesen; cayera, cayeras, etc.
conducir (*to drive*)	*present indicative*: (yo) conduzco *present subjunctive*: conduzca, conduzcas, conduzca, conduzcamos, conduzcáis, conduzcan *preterite*: conduje, condujiste, condujo, condujimos, condujisteis, condujeron *imperfect subjunctive*: condujese, condujeses, condujese, condujésemos, condujeseis, condujesen; condujera, condujeras . . .
cubir (*to cover*)	*present participle*: cubierto

dar (*to give*)	*present indicative*: (yo) doy *preterite*: di, diste, dio, dimos, disteis, dieron *present subjunctive*: dé, des, dé, demos, deis, dieron *imperfect subjunctive*: diese, dieses, diese, diésemos, dieseis, diesen; diera, dieras, etc.
decir* (*to to say*)	*present indicative*: (yo) digo *present subjunctive*: diga, digas, diga, digamos, digais, digan *preterite*: dije, dijiste, dijo, dijimos, dijisteis, dijeron *imperfect subjunctive*: dijese, dijeses, dijese, dijésemos, dijeseis, dijesen; dijera, dijeras, etc. *future*: diré, dirás, dirá, diremos, diréis, dirán *conditional*: diría, dirías, diría, diríamos, diríais, dirían *imperative (familiar, singular)*: di *present participle*: diciendo *past participle*: dicho
escribir (*to write*)	*present participle*: escrito
estar (*to be*)	*present indicative*: estoy, estás, está, estamos, estáis, están *present subjunctive*: esté, estés, esté, estemos, estéis, estén *preterite*: estuve, estuviste, estuvo, estuvimos, estuvisteis, estuvieron *imperfect subjunctive*: estuviese, estuvieses, estuviese, estuviésemos, estuvieseis, estuviesen; estuviera, estuvieras, etc. *imperative (familiar, singular)*: está
hacer (*to do, make*)	*present indicative*: (yo) hago *present subjunctive*: haga, hagas, haga, hagamos, hagáis, hagan *preterite*: hice, hiciste, hizo, hicimos, hicisteis, hicieron *imperfect subjunctive*: hiciese, hicieses, hiciese, hiciésemos, hicieseis, hiciesen; hiciera, hicieras, etc. *future*: haré, harás, hará, haremos, haréis, harán *conditional*: haría, haría, haría, haríamos, haríais, harían

	imperative: (Vd.) haga, (tú) haz
	present participle: hecho
ir	*present indicative*: voy, vas, va, vamos, vais, van
(*to go*)	*present subjunctive*: vaya, vayas, vaya, vayamos, vayáis, vayan
	imperfect: iba, ibas, iba, íbamos, ibais, iba
	preterite: fui, fuiste, fue, fuimos, fuisteis, fueron
	imperfect subjunctive: fuese, fueses, fuese, fuésemos, fueseis, fuesen; fuera, fueras, etc.
	imperative: (Vd.) vaya, (tú) ve
	present participle: yendo
leer	*preterite*: (él, ella, Vd.) leyó, (ellos, ellas, Vds.) leyeron
(*to read*)	
	imperfect subjunctive: leyese, leyeses, leyese, leyésemos, leyeseis, leyesen; leyera, leyeras, etc.
	present participle: leyendo
morir*	*past participle*: muerto
(*to die*)	
oír	*present indicative*: oigo, oyes, oye, oímos, oís, oyen
(*to hear*)	*present subjunctive*: oiga, oigas, oiga, oigamos, oigais, oigan
	preterite: (él, ella, Vd.) oyó, (ellos, ellas, Vds.) oyeron
	imperfect subjunctive: oyese, oyeses, oyese, oyésemos, oyeseis, oyesen; oyera, oyeras, etc.
	imperative: (Vd.) oiga, (tú) oye
	present participle: oyendo
poder*	*preterite*: pude, pudiste, pudo, pudimos, pudisteis, pudieron
(*to be able to, can*)	*imperfect subjunctive*: pudiese, pudieses, pudiese, pudiésemos, pudieseis, pudiesen; pudiera, pudieras, etc.
	future: podré, podrás, podrá, podremos, podréis, podrán
	conditional: podría, podrías, podría, podríamos, podríais, podrían
	present participle: pudiendo
poner	*present indicative*: (yo) pongo
(*to put*)	*present subjunctive*: ponga, pongas, ponga, pongamos, pongáis, pongan

preterite: puse, pusiste, puso, pusimos, pusisteis, pusieron

imperfect subjunctive: pusiese, pusieses, pusiese, pusiésemos, pusieseis, pusiesen; pusiera, pusieras, etc.

future: pondré, pondrás, pondrá, pondremos, pondréis, pondrán

conditional: pondría, pondrías, pondría, pondríamos, pondríais, pondrían

imperative: (Vd.) ponga, (tú) pon

present participle: puesto

querer*
(*to want*)

preterite: quise, quisiste, quiso, quisimos, quisisteis, quisieron

imperfect subjunctive: quisiese, quisieses, quisiese, quisiésemos, quisieseis, quisiesen; quisiera, quisieras, etc.

future: querré, querrás, querrá, querremos, querréis, querrán

conditional: querría, querrías, querría, querríamos, querríais, querrían

romper
(*to break*)

past participle: roto

saber
(*to know*)

present indicative: (yo) sé

present subjunctive: sepa, sepas, sepa, sepamos, sepáis, sepan

preterite: supe, supiste, supe, supimos, supisteis, supieron

imperfect subjunctive: supiese, supieses, supiese, supiésemos, supieseis, supiesen

future: sabré, sabrás, sabrá, sabremos, sabréis, sabrán

conditional: sabría, sabrías, sabría, sabríamos, sabríais, sabrían

imperative: (Vd.) sepa

salir
(*to go out*)

present indicative: (yo) salgo

present subjunctive: salga, salgas, salga, salgamos, salgáis, salgan

future: saldré, saldrás, saldrá, saldremos, saldréis, saldrán

conditional: saldría, saldrías, saldría, saldríamos, saldríais, saldrían

imperative: (Vd.) salga, (tú) sal

ser
  (*to be*)
- *present indicative*: soy, eres, es, somos, sois, son
- *present subjunctive*: sea, seas, sea, seamos, seais, sean
- *preterite*: fui, fuiste, fue, fuimos, fuisteis, fueron
- *imperfect subjunctive*: fuese, fueses, fuese, fuésemos, fueseis, fuesen; fuera, fueras, etc.
- *imperfect indicative*: era, eras, era, éramos, erais, eran
- *imperative*: (Vd.) sea, (tú) sé

soltar
  (*to loosen*)
- *past participle*: suelto

tener*
  (*to have*)
- *present indicative*: (yo) tengo
- *present subjunctive*: tenga, tengas, tenga, tengamos, tengáis, tengan
- *preterite*: tuve, tuviste, tuvo, tuvimos, tuvisteis, tuvieron
- *imperfect subjunctive*: tuviese, tuvieses, tuviese, tuviésemos, tuvieseis, tuviesen; tuviera, tuvieras, etc.
- *future*: tendré, tendrás, tendrá, tendremos, tendréis, tendrán
- *conditional*: tendría, tendrías, tendría, tendríamos, tendríais, tendrían
- *imperative*: (Vd.) tenga, (tú) ten

traer
  (*to bring*)
- *present indicative*: (yo) traigo
- *present subjunctive*: traiga, traigas, traiga, traigamos, traigais, traigan
- *preterite*: traje, trajiste, trajo, trajimos, trajisteis, trajeron
- *imperfect subjunctive*: trajese, trajeses, trajese, trajésemos, trajeseis, trajesen; trajera, trajeras, etc.
- *imperative*: (Vd.) traiga
- *present participle*: trayendo

venir*
  (*to come*)
- *present indicative*: (yo) vengo
- *present subjunctive*: venga, vengas, venga, vengamos, vengáis, vengan
- *preterite*: vine, viniste, vino, vinimos, vinisteis, vinieron
- *imperfect subjunctive*: viniese, vinieses, viniese, viniésemos, vinieseis, viniesen; viniera, vinieras, etc.

future: vendré, vendrás, vendrá, vendremos, vendréis, vendrán

conditional: vendría, vendrías, vendría, vendríamos, vendríais, vendrían

imperative: (Vd.) venga, (tú) ven

present participle: viniendo

ver
  (*to see*)

present indicative: (yo) veo

present subjunctive: vea, veas, vea, veamos, veais, vean

imperfect indicative: veía, veías, veía, veíamos, veíais, veían

imperative: (Vd.) vea

past participle: visto

volver*
  (*to come back*)

past participle: vuelto

SPANISH–ENGLISH VOCABULARY

Words already listed in each unit have not been included in this vocabulary. Basic vocabulary and grammatical words have also been omitted.

a lo mejor *perhaps*
abogado (m) *lawyer*
acceder *to have access*
acerca de *about*
además *besides*
administrativo (m) *office clerk*
afección (f) *illness*
aficionado a *fond of*
agencia de empleos (m) *employment agency*
agradecer *to be grateful*
ahorrar *to save*
ajedrez (m) *chess*
alcanzar *to reach*
alegría (f) *sesame*
algodón (m) *cotton*
alimentación (f) *food*
alojamiento (m) *accommodation*
amenaza (f) *threat*
amistades (m pl) *friends*
ampliamente *fully*
ampliar *to expand*
amplio *varied, wide*
antecedentes (m pl) *background*
aplicar *to apply*
aplicarse una ducha *to take a shower*

aprender *to learn*
aprovechar *to take advantage*
apuntar *to point to*
artículos electrodomésticos (m pl) *electrical household appliances*
ascensor (m) *lift*
asegurar *to assure*
así *so, thus*
asignar *to allocate (funds), assign*
asimismo *likewise*
asistencia (f) *attendance*
asumir *to assume, take on*
atajar *to stop from spreading*
atender *to look after*
atraer *to attract*
aumento (m) *increase*
aunque *although*
avance (m) *progress*
ayudar *to help*

bajarse *to get off*
boletín (m) *form*
bonificado *subsidized*
brevemente *briefly*
bruto *gross*
buscador (m) *hunter (treasure)*
buscar *to look for*

búsqueda (f) *search*

cabe: no --- duda *there is no doubt*
cabello (m) *hair*
cabina (telefónica) (f) *telephone booth*
calidad (f) *quality*
camino (m) *road*
campo (m) *field*
campo de fútbol (m) *football field*
cansado *tired*
capa de ozono (f) *ozone layer*
cargamento (m) *cargo*
cargo (m) *post, charge*
carretera (f) *main road*
casamiento (m) *marriage*
caseta (f) *kiosk*
casi *almost*
cayo (m) *key (geography)*
cercano *nearby*
certificado *registered*
ciencias aplicadas (f pl) *applied sciences*
cifra (f) *figure*
ciudadano (m) *citizen*
clave *key*
cobrar *to charge*
cocina (f) *cuisine*
coger *to take (transport)*
colega (m/f) *colleague*
colocado *placed*
comienzo (m) *beginning*
comodidad (f) *comfort*
compartir *to share*
concepto: en --- de *by way of*
confección (f) *preparation*
conseguir *to get*
consignado *recorded*
consumidor (m) *consumer*
contabilidad (f) *accountancy*
contagiarse *to contaminate, infect*
contar *to tell*
contestación (f) *answer*

contratado *agreed*
contribuyente (m) *contributor*
convenir *to be convenient*
convivir *to live together*
cuidar *to look after*
culpable *guilty*

charlar *to chat*
chofer (m) *driver*

dañar *to damage*
dañino *damaging*
dar un paseo *to go for a walk*
dato (m) *information*
de igual modo *likewise*
de hecho *in fact*
dedicarse a *to do*
dejar claro *to reveal*
deportes (m) *sports*
deportivo *sports (adjective)*
desafío (m) *challenge*
desarrollar *to develop*
descanso (m) *rest*
descrita *described*
desgraciadamente *unfortunately*
desigual *unequal*
desocupado *free, unoccupied*
despejado *clear, cloudless*
destinatario (m) *addressee*
detallada *detailed*
devolución (f) *refund*
dibujos animados (m pl) *cartoon*
dictar *to dictate*
dirigirse *to go, address*
domiciliario *home (adjective)*
dotado *equipped*
duda (f) *doubt*
dudar *to doubt, hesitate*
duplicarse *to double*

edad escolar (f) *school age*
edificio (m) *building*
efecto invernadero (m) *greenhouse effect*

efectuar *to do, carry out*
encargarse de *to be responsible for*
encuesta (f) *survey*
enfrentar *to face*
entorno (m) *environment*
entregar *to give, hand in*
entregar *to hand in*
entrevistar *to interview*
envío (m) *correspondence, despatch*
escolares (m pl) *school children*
escritor (m) *writer*
espalda (f) *back*
estar de moda *to be in fashion*
estudios superiores (m pl) *higher education*
étnico *ethnic*
evitar *to avoid*
exigente *demanding*
expedito *quick, speedy*
exponer *to put forward*

fabricante (m) *manufacturer*
factura (f) *receipt, invoice*
facultativa *optional*
faltar *to lack*
famoso *famous*
favorecer *to favour*
figurar *to appear*
fijar citas *fix appointments*
folleto informativo (m) *information brochure*
formación (f) *training*
forzado *forced*
frito *fried*
funcionar *to function, work*

gabinete (m) *section*
ganar *to earn*
ganar *to earn, win*
gasto (m) *expense*
golpe (m) *coup*
graduado *graduate*

hacer falta *to be necessary*
hasta tal punto *to such a point*
hecho (m) *fact*
horario (m) *time table, working hours*
hundido *sunk*

idioma (m) *language*
impartir *to teach*
imponerse *to prevail*
importe (m) *cost, value*
inclinarse *to be inclined*
incluso *even*
índice (m) *rate*
ingeniero (m) *engineer*
investigación (f) *research*

jefe (m) *boss*
joyería (f) *jewellery*
jugador (m) *player*

lamentablemente *regrettably*
leguminosa (f) *pulse*
lento *slow*
líder *leading*
limpio *clean*
litoral (m) *coast*
locutorio (m) *telephone exchange*
lucha (f) *struggle*
lujo *luxury*

llevar a cabo *to carry out*
llevar *to bear, deliver*
llevarse bien/mal *to get on well/ badly*

malestar (m) *illness*
maleta (f) *suitcase*
mano de obra (f) *labour*
marcado *marked*
marchar *to go, leave*
marea (f) *tide*
mariachi (m) *band that plays popular Mexican*
más bien *rather*

matricularse *to register, enroll*
mediante *through*
mejora (f) *improvement*
merecer *to deserve*
merecer la pena *to be worth it*
mesa (f) *table (food)*
microbús (m) *small bus*
miembro (m) *member*
mientras *whilst*
mismo: ahora --- *right now*
modalidades (f pl) *facilities*
módico *moderate, reasonable*
mundo (m) *world*
músculo (m) *muscle*
muy señor mío *dear sir*

nacimiento (m) *birth*
nada mal *not bad at all*
nadar *to swim*
netamente *purely*
nevera (f) *fridge*
nivel (m) *level*
novio (m) *boyfriend*
nuez (f) *nut*
nutriente (m) *nourishing food*
nutriólogo (m) *dietician*

obstante: no --- *nevertheless*
ocio (m) *leisure*

paradero (m) *stop*
particular *private*
partido político (m) *political party*
partir: a ---- de *from, starting*
pasar a buscar *to pick up*
pasillo (m) *corridor*
paso subterráneo (m) *subway*
pastilla (f) *pill*
peletería (f) *furs*
película (f) *film*
peor: en el --- de los casos *at worst*
perderse *to get lost*
periodista (m/f) *journalist*
permitido *allowed*

petición: a --- de *at the request of*
piel (f) *skin, leather*
piscina (f) *swimming pool*
piso (m) *floor, flat*
planear *to plan*
plaza (f) *seat*
pleno *full*
pleno: en --- centro *right in the centre*
población activa (f) *working population*
poner en conocimiento *to let know*
poner en marcha *to start up, move*
por el contrario *on the contrary*
por supuesto *of course*
por suerte *luckily*
potencia (f) *power*
predominio (m) *predominance*
prejuicio (m) *prejudice*
prever *to forsee*
probador (m) *fitting room*
promover *to promote*
propensión (f) *tendency*
propietario (m) *owner*
proporcionar *to provide*
proteger *to protect*
proveniente *coming from*
puesto que *as*
puesto (m) *post*

quedar *to be left*
queja (f) *complaint*

rastreado *tracked, traced*
recibo (m) *receipt*
recogida (f) *from recoger (to pick up)*
rectificar *to rectify*
regalar *to give a present*
reinstaurar *to restore, reestablish*
rellenar un impreso *to fill in a form*
remitente (m) *sender*
renovarse *to renew oneself*

reparto (m) *delivery*
resentimiento (m) *resentment*
respirar *to breathe*
revista (f) *magazine*
rivalizar *to rival*
roto *broken*
ruego: le --- *kindly, please*

salud (f) *health*
salvaje *wild*
seco *dry*
seguidamente *then*
seguro (m) *insurance*
semáforo (m) *traffic light*
sentido del humor (m) *sense of humour*
siglo (m) *century*
sobrevivir *to survive*
solicitar *to request*
solucionar *to solve*
sometida *subjected*
subir *to go up*
suceder *to happen*
suelo (m) *floor, ground*
suerte (f) *luck*
superar *to be over*

talla (f) *size (clothes)*
tardar *to take (time)*
tarea (f) *work, labour*
tarjeta (f) *card*
techo (m) *roof*
tejido (m) *tissue*
temporada (f) *season*
tener en cuenta *to take into account*
teniente (m) *lieutenant*

tesoro (m) *treasure*
tienda (f) *shop*
título académico (m) *university degree*
título (m) *degree, certificate*
título universitario (m) *university degree*
toalla (f) *towel*
tomar una copa *to have a drink*
tono: a--- *in harmony, in tune*
torcer *to turn*
traductor (m) *translator*
tranquilo *quiet*
transbordar *to change (transport)*
traslado (m) *transfer*
tratamiento (m) *treatment*
través: a --- de *through*

usario (m) *user*
utilizar *to use*

vale *O.K.*
validez (f) *validity*
valle (m) *valley*
varón (m) *man, male*
vecino (m) *neighbour, resident*
venda (f) *bandage*
ventaja (f) *advantage*
viajero *travelling; (m) traveller*
vías respiratorias (f pl) *respiratory tract*
vista (f) *view*
vivienda (f) *house, housing*
vuelo (m) *flight*
vuelta (f) *return*

INDEX